实用幼儿园区域活动指导丛书

角色区
活动指导手册

林玉萍 / 丛书主编　贾玉玲 / 本书主编

JUESEQU HUODONG
ZHIDAO SHOUCE

北京师范大学出版集团
BEIJING NORMAL UNIVERSITY PUBLISHING GROUP
北京师范大学出版社

图书在版编目(CIP)数据

角色区活动指导手册 / 贾玉玲主编. —北京：北京师范大学
出版社，2017.11 (2020.12重印)
 (实用幼儿园区域活动指导丛书/林玉萍主编)
 ISBN 978-7-303-22215-5

 Ⅰ.①角… Ⅱ.①贾… Ⅲ.①活动课程－学前教育－教学参
考资料 Ⅳ.①G613.7

中国版本图书馆 CIP 数据核字(2017)第 054768 号

营 销 中 心 电 话 010-58802181 58805532
北师大出版社职业教育与教师教育分社网 http://zjfs.bnup.com
电 子 信 箱 zhijiao@bnupg.com

出版发行：北京师范大学出版社 www.bnup.com
 北京市西城区新街口外大街 12－3 号
 邮政编码：100088
印 刷：天津旭非印刷有限公司
经 销：全国新华书店
开 本：787 mm×1092 mm 1/16
印 张：12.5
字 数：235 千字
版 次：2017 年 11 月第 1 版
印 次：2020 年 12 月第 2 次印刷
定 价：36.00 元

策划编辑：罗佩珍 责任编辑：王 强 李春生
美术编辑：焦 丽 装帧设计：焦 丽
责任校对：陈 民 责任印制：陈 涛

丛书编委会

主　编：林玉萍
副主编：曹春香　尹　荣　贾玉玲　郭丽华
　　　　裴金凤　瞿佼莉　李国霞　张慧芬
编　委：王丽萍　段玉娟　牛红霞　张　敏
　　　　张　卫　刘凌云　宋莉岩　孙义杰
　　　　李延萍　胡雪莲　曹　畤　王　颖
　　　　李亚南　李凤真　张晓红　蔡艳芳
　　　　罗秀珍　陈丽娟　王　佳　于　彦
　　　　石金平　卜妮雅

本书编委会

主　　编：贾玉玲

副主编：李延萍　　郭丽华　　胡雪莲

编　　委：贾玉玲　　李延萍　　郭丽华　　胡雪莲

　　　　　曹　畤　　石俊丽　　罗　莉　　刘川川

　　　　　范如意　　贾　爽　　周金硕　　王玥琳

　　　　　闻　静　　袁丽丽　　田　甜　　张向荣

　　　　　李依纯　　高媛媛　　左　旸　　马　丽

　　　　　尹　华　　陈　凡　　丁雨新　　安佳星

　　　　　韩　培　　贾婧研　　吴　迪　　杨　璇

　　　　　吴宪丽　　丁　涛　　苏　雪　　刘　洋

　　　　　王　颖　　焦赛男　　路　欢　　王　敏

　　　　　王荧冕　　夏颀玥　　王冬竹　　芦　月

　　　　　曹晶华　　胡可心　　费　东　　谷　筝

　　　　　王红敏　　张　鑫　　侯佳宇

以游戏为基本活动促进幼儿发展，是学前教育的最高追求。区域活动是组织游戏的最佳形式之一。如何精准发力、寓教于乐开展好区域活动，是幼儿教师专业水平的最好体现。

从当前幼儿园教育实践现状来看，幼儿教师能认识到区域游戏是实现幼儿快乐发展的有效方式，也在一日生活中留出大段时间、开辟班级空间让幼儿进入区域进行游戏，但我们看到的现象是幼儿天天区域走过场、日日发展靠自然。究其原因，是教师缺乏整体设计组织、区域活动的意识和能力。创设有准备的区域游戏环境，使幼儿在轻松、愉快、不露教育痕迹的小天地中，通过与材料的互动、与同伴的互动、与教师的交往获得发展，是我们编写本套丛书的初衷。

本套丛书的编写人员来自北京市区级、市级示范幼儿园，他们当中既有实践经验丰富的骨干教师、创新能力强的年轻教师，又有理论知识过硬、归纳概括能力强的一线教科研工作者。百余人组成的编写队伍围绕着一个共同的目标，就是把自己多年积累的实效性强的做法，以及园内开展区域游戏取得的经验，通过梳理、归纳、总结转变为规律性、可借鉴的材料，毫无保留地呈现给大家，通过最直接、最有效、最专业的引领，帮助广大学前教育工作者快速掌握开展区域游戏的秘诀。只有育人环境优化了，才能从根本上解决尊重儿童学习特点和保障儿童权益的问题，使广大儿童在游戏中学习和发展的愿望成为现实。

本套丛书力求将区域游戏课程理论化为实操性强的教师手边指南，为此编写时注重实用性和指导性，图文并茂、展示情景，可谓一书在手，游戏全有。同时，在编写休例上，在调查了众多教师在教学中存在的实际困难后，本套丛书专门设置了最基本的五方面内容，理论性与实践性兼得，常见问题与解决策略对接，使读者知其然更知其所以然，能够更好地举一反三解决问题。

具体而言，本套丛书各分册在统一框架下安排如下五方面内容：

第一章　认识＊＊区（包括＊＊区的内涵、功能、活动类型）

第二章　＊＊区的环境创设和材料投放

第三章　＊＊区活动的组织原则和指导策略

第四章　＊＊区活动案例及分析（分别对小、中、大三个年龄班的区域活动案例进行分析）

第五章　＊＊区活动组织中的常见问题（分别指向小、中、大三个年龄班区域活动常见问题并对其进行解答）

丛书各分册均根据不同区域特点，结合实例、图片进行解读，帮助读者直观掌握要领。

区域游戏是幼儿最重要的学习方式，对幼儿的发展具有不可估量的价值。希望此套丛书的出版，能为幼儿送去最好的礼物，让他们在教师创设的美好环境中快乐发展。

学前教育是一门实践性非常强的学科，没有最好，只有更好，我们愿和大家一道在幼教改革的田野里不懈耕耘。敬请各位幼教同行不吝赐教、批评指正，谢谢！

林玉萍

2017 年 2 月

联合国《儿童权利公约》第 31 条规定："缔约国确认儿童有权享有休息和闲暇，从事与儿童年龄相宜的游戏和娱乐活动，以及自由参加文化生活艺术活动。"2001 年教育部颁布的《幼儿园教育指导纲要(试行)》(以下简称《纲要》)指出：幼儿园教育应"以游戏为基本活动"。2012 年教育部颁布的《3—6 岁儿童学习与发展指南》(以下简称《指南》)指出："幼儿的学习是以直接经验为基础，在游戏和日常生活中进行的。要珍视游戏和生活的独特价值。"2016 年教育部修订颁布的《幼儿园工作规程》(以下简称《规程》)指出：幼儿园要"以游戏为基本活动，寓教育于各项活动之中"。《纲要》《指南》《规程》都强调了游戏对于幼儿成长的重要作用。活动区以内容自选、主题自定、形式自由的活动方式给予幼儿自由的发展空间，是幼儿园落实《纲要》《规程》"以游戏为基本活动"思想的重要途径，也是幼儿园落实《纲要》"环境是重要的教育资源，应通过环境的创设和利用，有效地促进幼儿的发展"思想的重要平台。

区域活动是指幼儿在教师有准备的环境中进行自由自主的游戏活动，在环境中学习和教师间接指导是其典型特征。与教师有针对性的教育活动相比，区域活动有很多独特价值：第一，给予幼儿更多自主发展的机会；第二，促进幼儿间的交往与互动；第三，满足了教师个性化教育与指导的需要。

本书所展示的"角色区"活动是区域活动的一种，是每个幼儿园班级每天都会进行的游戏活动。为促进角色区活动质量的提高，教师们一直在进行着不懈探索，但角色区活动依然存在不少问题。例如，教师们会根据自己的经验，在小班开展小厨房、娃娃家，在中大班开展小医院、超市、小剧场等角色主题活动，但是为什么要这么开展？角色区的核心价值是什么？具体环境如何创设？创设原则有哪些？游戏开展过程中教师如何指导？种类多样的角色区主题活动哪些适合在小班开展，哪些适合在中大班开展？教师的指导策略分别有何不同？具体开展过程中可能会遇到哪些问题？……教师尤其是年轻教师对这些并不很清楚。本书将详细地解答上述疑问。

本书共分五章，对角色区活动进行了深入解析。第一章认识角色区，主要阐述角色区的内涵、功能、活动类型方面的内容。第二章角色区的环境创设和材料投放，以案例结合图片的方式介绍了角色区环境创设的意义、要求、原则，以及如何恰当地投入材料的方法等内容。第三章介绍了角色区活动的组织原则和指导策略。第四章为小中大班角色区活动案例及分析，详细介绍了每个主题角色区活动开展的过程及教师的心得体会。最后一章则以问答的形式解答了一些教师们在开展角色区活动过程中可能遇到的问题。

　　本书名为《角色区活动指导手册》，旨在为幼儿园教师开展角色区活动提供帮助，书中虽有少量理论论述，但更多的都是可操作性强的实践指导。本书第一章由贾玉玲、郭丽华撰写，第二章由李延萍撰写，第三章由贾玉玲、郭丽华撰写，第四章由贾玉玲、郭丽华统编，第五章由胡雪莲统编。教育不息，探索不止。本书作为清友实验幼儿园对角色区创设及活动开展所进行的思考与成果展示，恳请各位幼教同行对其多提宝贵意见和建议。

贾玉玲

2017 年 5 月

目录

第一章　认识角色区

第一节　角色区的内涵与功能

一、角色区的内涵

　　角色区是幼儿园创设的让幼儿进行"以模仿和想象，通过角色扮演创造性地反映周围生活"的游戏区域，是幼儿园活动区的重要组成部分。在角色区开展的活动叫角色游戏。艾里康宁认为：学前儿童的角色游戏是"一种发展了的活动形式，儿童在这种活动中充当着成年人的角色（职能），并在专门设置的游戏条件下概括地再现成人的活动和他们之间的关系"。主题、角色、动作和规则都是角色游戏的基本要素，其中，主题是核心要素，统率着其他的要素。

　　角色游戏是幼儿期的典型游戏，对幼儿有着独特的教育价值。在角色游戏中儿童扮演一定的社会角色职能，并在假想的游戏中将日常生活里观察到的成人世界富于创造性地模仿和再现出来。角色游戏一般都有一定的主题，如娃娃家、火锅店、超市等。在这个小社会情境中幼儿或是精心照料病人的医生，或是学校的教师，或是忙碌着照顾宝宝的爸爸妈妈，或是拥有高超技术的发型师。通过装扮自己熟悉的人物角色，幼儿象征性地运用一些物品来体验大人的社会角色和社会活动，尝试着从不同的角度了解真实的世界和多样的人生。所以说，角色区是幼儿表现和表达自己对现实生活的认识、理解、感悟的重要空间和有效平台。

二、角色区的功能

（一）角色区在幼儿园课程建设方面的意义

1. 角色区是了解幼儿兴趣点、生成课程内容的重要方式

　　在角色区活动时，幼儿常常会发现一些难于解决，但对自身发展又非常有意义的问题，这些问题都是生成幼儿课程的点。由于这些问题源于幼儿真实的体验

和内在的兴趣，所以生成的课程更具有针对性，对幼儿发展更具有价值。例如，幼儿到了中大班，在角色区活动时经常会说到自己熟悉的人的职业，于是教师根据幼儿的关注点生成了以"不同的职业"为主题的活动。在活动中，幼儿在活动区阅读了有关职业介绍的绘本图书，体验了不同职业的工作内容。

2. 角色区是落实课程内容的重要途径

幼儿园一日生活皆课程，集体教学活动、区域活动、生活活动、户外活动都是实施课程的重要途径。角色区游戏是区域活动的重要组成部分，是幼儿期最典型的游戏，也是实施课程的途径之一，对促进幼儿社会性、认知、情感、语言等各个方面的综合发展都有积极的意义。

在日常的教育教学中，我们常会在某个主题的框架下进行区域环境的创设。例如，在"我爱北京我的家"主题活动中，有一部分课程内容是了解北京的传统小吃。为此，教师带领幼儿开设了"京味食府"的角色区，幼儿可以亲自动手制作各种京味美食，在操作中了解北京的各种小吃，在快乐的游戏中落实了主题课程内容。

3. 角色区是深入延伸课程内容的重要阵地

集体教学活动是指在一定的时间内，有计划地对全体幼儿进行有针对性的教育活动。集体教学活动时间有限，很多内容无法完成，而角色区正是弥补集体教学的不足，深入开展课程的重要阵地。例如，端午节来临，教师为让幼儿深入了解端午节的来历以及有关文化传统，特在角色区"传统小吃"活动中专门引入了粽子制作，师生们一起包粽子、煮粽子、卖粽子、品尝粽子。又如在"认识各种社会职业"的教学活动中，教师让幼儿交流爸爸妈妈的职业，还让他们通过观察照片、观看视频以丰富对相关职业的认知。在此基础上，又开展相关的角色游戏活动，让幼儿体验、了解多种社会角色，有效弥补了集体教学活动的不足，从不同途径实施了课程内容。

4. 角色区是了解幼儿发展水平并进而调整课程内容的重要平台

课程内容要想更具针对性，就一定要提前了解幼儿发展水平，而了解幼儿发展水平的最适宜的方式就是观察幼儿在游戏中的真实表现。在角色区中，幼儿通过模仿和想象，自由游戏、自由扮演各种角色，展示了各方面的能力。角色区成为教师在自然的情境中了解幼儿能力的重要平台，也是教师走近每一个幼儿，熟悉幼儿个性发展的重要空间。例如，小班的李老师在近期课程计划中安排有5以内数的点数内容。为了解幼儿的现有经验，教师在"串吧"的角色游戏中以客人的身份要求服务员提供 5 串羊肉串，而且每串上要有 5 个羊肉块。结果，幼儿都能非常正确地完成任务。这说明班中的幼儿都已经掌握了这个能力，于是，李老师就取消了原计划的课程。

（二）角色区活动在幼儿发展方面的意义

角色区活动是幼儿的典型游戏。在游戏过程中幼儿自然地再现或创造性地展现生活内容，体现不同情境中角色的所思所想、所言所做，不仅能促进幼儿社会性发展，还可以在自然的情境中发展幼儿沟通、交流能力，发展幼儿在不同问题情境下解决问题的能力，表达情绪情感的能力等，从而促进幼儿身心各方面的综合发展，对幼儿成长具有重要的意义。

1. 促进幼儿良好社会性的发展

角色区的活动是通过情境的创设、以物代物的道具的提供以及幼儿在其中承担特定的角色来完成的，所以角色区的主要功能是发展幼儿社会性。

第一，在角色区，幼儿通过体会不同角色的言行举止从而使自己对于社会中的他人有了更多的认识，也了解到很多社会性行为规范。幼儿在角色区这个小的社会群体中扮演爸爸妈妈，或者扮演医生和病人，或者扮演服务员和顾客。幼儿充分地了解了不同社会角色的职责与分工，并建立起相应的角色意识与责任感，这为他们的社会性发展，与人交往与沟通，理解他人情感情绪，理解社会规则，发展协商与合作能力等提供了极好的机会。

第二，角色游戏提供交往机会。角色区的创设为幼儿表现合作行为，发展合作能力提供了有利条件。角色游戏本身就是合作的过程。它不是幼儿个体自发产生的，而是依据社会需要而出现的，其突出特点是社会性，其内容体现的是社会中不同人们的社会角色及他们之间的关系。它对幼儿社会交往能力、协作能力的发展有极其重要的促进作用。通过在角色区中与他人合作、沟通、交流甚至是冲突，幼儿会在真实的体验中学会适应社会、解决各种问题的能力。角色游戏整个的过程都在让幼儿感受到共同协作是游戏获得成功的保证。

2. 促进幼儿认知能力的发展

角色区中幼儿在一定的情境中进行社会性的互动，在这个契合生活的过程中，他们也会自然地发展很多其他的能力，其中就包括认知能力。例如，在以商店、餐厅、医院以及银行等为情境的角色区活动中，幼儿需要类别众多、数量繁多的材料。对这些材料幼儿需要认识它们的特点，需要制作、分类与整理，需要进行操作，并进行创造性的制作。在相关的买卖活动中，幼儿需要进行数量的运算，相关流程的操作，困难问题的解决等行为，由于很多科学领域的问题都蕴含其中，不知不觉间幼儿的认知能力自然就会得到发展。

此外，在游戏过程中，由于角色区游戏是幼儿自主开展的游戏，所以玩什么内容、用什么材料玩、角色怎么分配等都需要幼儿自己来完成，自己思考、积极参与，自己去规划、创编。

3. 促进幼儿语言能力的发展

《纲要》指出："语言能力是在运用的过程中发展起来的，发展幼儿语言的关键是创设一个能使他们想说、敢说、喜欢说、有机会说并能得到积极应答的环境。"角色区正是一个非常自然的读写环境、听说与表达环境，幼儿可以非常自然地接触到丰富的语言刺激，有倾听的、有表达的、有认读的，甚至有简单书写的，比如价格标签等。在角色游戏中，幼儿置身一定的情境中，非常自由地交流、沟通，甚至相互辩解、冲突，而且更能在特定的情境中学会不同角色该说的话。

同时，由于幼儿的语言是在运用的过程中发展起来的，所以激发幼儿运用语言、使用语言的动机，对于发展幼儿语言能力最为关键。角色区中幼儿的交流是相互的，是在一定情境中发生的，所以角色区创设了一个幼儿自由运用语言的空间。在这个空间中，同伴间自然的交流能发展幼儿学习倾听理解他人的语言并做出相应回应的能力，能发展幼儿清楚地表达自己的情感和各种需要的能力，尤其能发展幼儿的情境语言和对话沟通语言。

4. 促进幼儿情绪情感的发展

角色游戏是幼儿自主自由的游戏，整个过程中都非常放松，没有任何外在强制，完全按照自己的兴趣与方式开展。幼儿会非常享受，会自然产生愉悦感和满足感。研究也表明，经常玩假想游戏的儿童会有更多的快乐和欢笑，较少出现愤怒和悲伤。

同时，角色游戏更是宣泄焦虑、害怕、气愤和紧张等情绪，从而减轻或克服不良心理的重要方式。心理学家弗洛伊德指出，儿童的愿望是尽快长大成为大人，做大人所能做的事情，这种愿望在现实生活中是不能实现的。而角色游戏正好为幼儿提供了模仿成人生活的平台。在这里，儿童模仿成人做各种事情，或者当爸爸妈妈，或者当医生，或者当小厨师，满足现实生活中不能满足的愿望，借助假想活动，表达和宣泄愉快、恐惧、压抑等情感情绪，感受情感慰藉，缓解和减少幼儿的焦虑，建立安全积极的情感体验。例如，很多幼儿都害怕打针，不愿去医院，但在游戏中却喜欢玩"打针"游戏，而且尤其喜欢给别人打针。通过再现痛苦的体验，幼儿减轻了害怕的程度，体验到战胜恐惧的愉快，发泄了对医生和打针的恐惧。在角色游戏中，重组那些使其困惑、失败的活动，会使幼儿逐渐学会适应和应付环境的变化。

5. 促进幼儿创造能力的发展

幼儿角色游戏的过程就是一个想象与创造的过程。依托想象，幼儿可以把一个物品当成另一个物品；依托想象，幼儿可以进行现实生活中很多不能做的事情。角色游戏来源于生活，但又不同于生活，是对现实生活的再造，所以角色游戏有助于幼儿创造能力的发展。

第二节　角色区的活动类型

按照角色游戏内容分，角色游戏可分为生活模仿游戏和职业体验游戏。[①] 生活模仿游戏主要指幼儿模仿家庭中不同人员的游戏。职业体验游戏主要指幼儿模仿不同职业中不同人员的游戏。根据幼儿游戏反映内容的来源分，角色游戏可分为日常生活经验类游戏和非日常生活经验类游戏。[②] 日常生活经验类游戏指类似娃娃家、医院、超市等有生活经验为基础的游戏。而非日常生活经验类游戏指的是幼儿对一些虚构人物的角色扮演，如孙悟空、奥特曼、喜羊羊等。

本书根据角色扮演地点对角色游戏进行划分，主要包括两种活动类型：第一种是以反映家庭生活为主题的家庭类活动类型，最典型的就是广受幼儿喜欢的娃娃家，还有小厨房；第二种是以反映社会生活为主题的社会类活动类型，包括医院、超市、银行、餐厅、博物馆、图书馆、蛋糕店、修车厂等。各班具体选择哪种类型应根据幼儿的需求，立足幼儿生活经验进行合理设置。一般来说，小中班尤其是小班可选择家庭类活动类型，而中班可开始选择一些幼儿经常接触的餐厅、超市等作为活动主题。到了大班，主题就更加丰富多样，可涉及更广泛的社会活动主题，如小学、剧场等。总的来说，幼儿角色区活动主题应随幼儿年龄增

---

① 董旭花等编著：《幼儿园创造性游戏区域活动指导》，2～3 页，北京，中国轻工业出版社，2014。

② 彭俊英、魏婷等著：《幼儿园游戏活动的组织与指导》，73 页，北京，教育科学出版社，2014。

长呈现由近及远，由家庭到社会，逐渐扩展，不断丰富的趋势。下面具体介绍两种活动类型及其特点。

一、家庭类角色区活动

顾名思义，家庭类角色区活动是以模仿、反映家庭生活内容为主的活动。在这类活动中，幼儿通过扮演生活中的人物，创造性地再现生活场景。这类活动具有以下主要特点。

第一，情感性。幼儿年龄越小越喜欢家庭类角色区活动，这是他们有限的生活经验所决定的。家庭对于他们来说是最熟悉的，也是感觉最安全的地方，家庭中的爷爷奶奶、爸爸妈妈是幼儿最喜欢模仿的角色人物。所以，家庭类活动不仅与幼儿的经验相连，也与他们的情感密切相关。家庭类活动区环境创设要突出温馨的一面，整体色彩要柔和一些，要让身处其中的幼儿真正体验到家的感觉，小沙发、小椅子一定要很柔软，厨房用具也要尽可能真实，这样能有利于幼儿真正进入到游戏情境中。

第二，生活性。与社会类角色区活动相比，家庭类角色区活动以家庭为阵地，以家居生活为主要内容，每个幼儿对此都非常熟悉，都能很自然地融入其中，这是家庭类角色活动类型的典型特点。

第三，普适性。家庭类角色区活动不仅仅适用于小班，对中大班也同样适用。随着年龄的增长，幼儿生活经验的丰富，中大班内容可以从娃娃家扩展为家庭区，可从照顾小宝宝、喂宝宝吃食物，扩展到家庭中更为广泛的内容，涉及更多的成员。如家庭区与其他区域互动、全家购买门票去看演唱会、接待客人、在家庭中召开生日派对、举办家庭舞会、给孩子辅导功课、甚至接送孩子参加兴趣班等，这些都是大的家庭区内可以进行的内容。在具体的游戏过程中，小中大班幼儿游戏的状态是不一样的。如小班刚开始更多时一个人独自游戏，自己玩自己的，与他人互动不足，而且规则意识差，教师应在这方面给予引导。中大班幼儿活动的计划性、互动性都有提高，教师指导的重点是为幼儿提供更多自主计划与规划的机会。家庭类角色区活动的普适性还体现在古今中外的幼儿都喜欢参与其中。

二、社会类角色区活动

社会类角色区活动以反映社会生活为主，能够展现家庭以外的经验，对于幼儿的社会性发展有重要意义。这类活动具有以下特点。

第一，功能性。随着幼儿年龄的增长，他们会逐步接触到家庭外的很多社会活动，如跟着爸爸妈妈去超市、去蛋糕店、去银行、外出就餐、去理发店等。这些活动都被反映在班级的角色游戏中，使其具有特定的社会功能。因此，在游戏开展过程中，教师应提前充分丰富幼儿的相关经验，重点引导幼儿了解体验不同的社会角色。

第二，时代性。随着时代的变化，越来越多的新内容走入班级角色区，体现出明显的时代特征，如快递公司、烤串店、淘宝购物店、造型屋、饮品店、自助餐厅等。

第三，广泛性。随着年龄的增长，幼儿接触的社会面越来越广泛，只要他们喜欢，能专注地玩，各种社会内容都可以走进班级。教师及家长要给予幼儿广泛接触社会的机会，让幼儿在角色区大胆想象，大胆体验。

在开展社会类角色过程中，教师们习惯性地要求幼儿的游戏要真实反映不同社会角色的"一言一行"，这是不适宜的。角色区中幼儿对生活的反映并不是完全真实的模仿，而应当是创造性地再现。

第二章 角色区的环境创设和材料投放

《幼儿园教育指导纲要(试行)》(以下简称《纲要》)指出:幼儿园"为幼儿的探究活动创造宽松的环境,让每一个幼儿都有机会参与尝试"。环境与幼儿始终共存,幼儿既依赖环境,也可作用于环境,幼儿与环境相处方式直接影响其成长的质量。教师应根据不同年龄幼儿的发展水平和活动需要,合理安排,为幼儿创设一个良好的区域环境,从而激发他们的兴趣,促进他们的学习与探索。

游戏材料是角色区活动中的重要内容,是促进幼儿发展的物质载体,是幼儿建构知识的依托。幼儿正是在不断主动地操作材料过程中获取信息,积累经验和发展能力。

第一节 角色区的环境创设

一、什么是角色区环境

环境能激发幼儿思考,引导幼儿的行为与活动,改变幼儿的认识与理解。《纲要》指出:"环境是重要的教育资源,应通过环境的创设和利用,有效地促进幼儿的发展。"

幼儿园角色区环境指幼儿园范围内的自然和社会因素的总和,在区域活动中,能为幼儿提供更多的学习机会,促进幼儿多方面的发展。教师根据不同年龄幼儿的发展水平和活动需要,合理安排适宜的角色区,为幼儿创设一个有准备的、设计独特的空间。幼儿按照自己的意愿、兴趣、经验、能力扮演角色。角色区环境如娃娃家(图 2-1)、美发屋(图 2-2)、照相馆(图 2-3)等提供幼儿扮演各种人物角色的机会,帮助幼儿了解各行各业的角色行为,抒发角色情绪,表现角色情感,充分发挥想象力,创造各种游戏活动。

图 2-1　温馨的娃娃家墙饰

图 2-2　丰富的美发屋发饰

图 2-3　富有创意的照相馆设计

二、创设角色区环境的意义

角色区环境创设既要提供精心设计的、丰富的、有序的环境，又要提供开放的、变化的、有多种探索机会的环境；既要有方便幼儿个别活动的活动区，亦需有众多幼儿集体活动的空间；既要有类似教室环境的整体布局，还应有空间划分上的动静区分离和方便幼儿可从一个活动区转向另一个活动区的过渡场地（图 2-4、图 2-5）。

图 2-4　餐厅一角

图 2-5　食材制作

（一）角色区环境能激发幼儿探索兴趣

角色区通过情境设置，形成了温馨、和谐、宽松的氛围，为幼儿提供大量玩具材料，使其可以根据兴趣与需要，自由选取材料进行游戏。

（二）角色区环境能提高幼儿探究能力

幼儿通过观察角色区环境的特点来确定游戏内容，选择材料和物品，在想象、模仿、创造中，尝试发现问题、解决问题，体验游戏的快乐。

（三）角色区环境能促进幼儿情感的良性发展

角色区环境设计要符合幼儿年龄特点，材料和工具的摆放要方便幼儿取放。在角色区环境中幼儿通过模仿角色的语言、说话的态度，可以促进自身口头语言能力的发展，同时也在体验他人的情感中促进了自身情感的良性发展。

三、角色区环境创设的基本要求和原则

《纲要》明确指出："幼儿园的空间、设施、活动材料和常规要求等应有利于引发、支持幼儿的游戏和各种探索活动，有利于引发、支持幼儿与周围环境之间积极的相互作用。"角色区环境布置要考虑幼儿的年龄特点，要与幼儿实际发展相契合，区域的规则与名称要以幼儿能理解的形式呈现（图2-6、图2-7）。

图 2-6　接待顾客的方法　　　　图 2-7　服务员给顾客倒水

（一）角色区环境创设的基本要求

1. 区域设置的合理性

（1）动静分开

班级里设置的多个角色区之间距离可以近一些，便于幼儿交往；同时要注意角色区与其他相对安静的区域分开远一点，避免彼此的干扰，如角色区、音乐区要和图书区、益智区分开（图2-8、图2-9）。

图 2-8 模拟家庭的摆设

图 2-9 睡眠室内的餐厅

（2）背景直观

角色区生活场景要有真实感，要让幼儿能"身临其境"。如美发屋角色区为幼儿提供了有发型图片、假发、价目表、如何养护头发的宣传画等内容的环境，满足了他们参与游戏活动的愿望（图2-10、图2-11）。

图 2-10 创设美发造型屋

图 2-11 设计的发型的展览

（3）划分合理

角色区里各区之间要用橱柜、桌子、屏风、纱帘、标志牌等物品隔开，便于幼儿自由选择和教师观察。如在娃娃家的布置中，厨房摆放饮具，卧室摆放家具并铺上地毯或软垫，各区分开（图2-12、图2-13）。

图 2-12 用桌子隔开的场地

图 2-13 铺上软垫的卧室

（4）布局巧妙

角色区空间要善于利用活动室、睡眠室、楼道等地方，要遵循固定设置和灵活设置相结合原则合理巧妙布局。如家庭区可包含有娃娃家、表演区、小厨房，有效地利用地面、桌面、墙面。活动室四周、楼道处都可开辟成角色区。收集纸箱，可将其制作成分隔屏、储物柜、小房子、电器等。场地虽然有限，但只要布局合理巧妙，就能创设更多的幼儿游戏空间（图 2-14）。

图 2-14　照相馆布局

2. 区域设置的开放性

为便于幼儿选择自己喜欢的角色游戏，区域内玩具柜、储物柜、架子、桌椅和游戏材料等物品的摆放都要具有开放性（图 2-15）。区域之间也要自由开放，全敞开半敞开均可，要为幼儿自由出入、自由交流和取放游戏材料留有较大空间。区域与区域之间根据活动主题可有内在联系。如幼儿在娃娃家中扮演爸爸妈妈角色，带着孩子到超市购买日常用品，到医院看病，到餐厅吃饭，将娃娃的衣服送到洗衣房中清洗。

图 2-15　餐厅食材自由取放

(二)角色区环境创设的原则

1. 安全性原则

角色区的环境首先要做到安全。地面要平坦；活动室种养的花草既要漂亮，又要无毒、无危险，如夹竹桃、仙人球之类就不宜在幼儿园种植(图 2-16)；电视机、电脑、录音机放置位置要合理，幼儿不能接触到它们的电源插头(图 2-17)；吊扇、空调使用前要对其稳定性要进行检查；桌子边角都要圆滑，可用花布包裹边角(图 2-18)。

图 2-16　植物安全美观

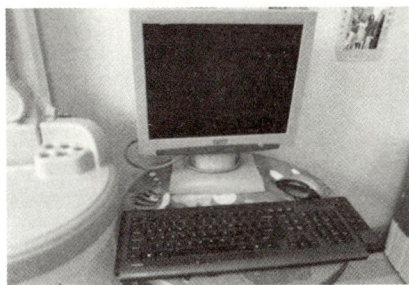

图 2-17　电源安全牢固

图 2-18　边角用花布包裹

玩具要安全，不能有危险性。玩具个体大小要适宜，不能过小以防止幼儿吞咽下去，也不能过大以致造成使用不便；为防止购进和制作有害玩具，要检查玩具或玩具材料的合格证，不卫生的废旧物坚决不用；为保持玩具清洁，还要经常清洗、消毒玩具。

2. 适宜性原则

角色区环境创设应该和幼儿的身心发展相适宜，游戏材料的多少和层次的高低要符合幼儿的发展需要。例如，小班的娃娃家、小厨房，中班的水吧，大班的服装店等角色游戏即根据幼儿不同的年龄特点而设。环境的创设不仅要考虑到幼儿的共性，也要关注幼儿的个体差异，要让每个幼儿都能在不同的环境中得到最大限度的提高和发展(图 2-19、图 2-20、图 2-21、图 2-22)。

图 2-19　小班的娃娃家

图 2-20　小班的小厨房

图 2-21　中班的水吧

图 2-22　大班的服装店

幼儿天性好奇，有强烈的探索愿望，教师就应为幼儿创设适宜的问题情境，帮助幼儿学会不断发现问题、解决问题，提高思维水平和动手能力。例如，幼儿都生过病，去过医院，进行过体检，接受过健康教育，知道要爱护眼睛，保护牙齿(图 2-23)，也懂得睡午觉的好处(图 2-24)。基于这些生活经验，幼儿园可开设以小医院为主题的角色游戏。

图 2-23　保护牙齿

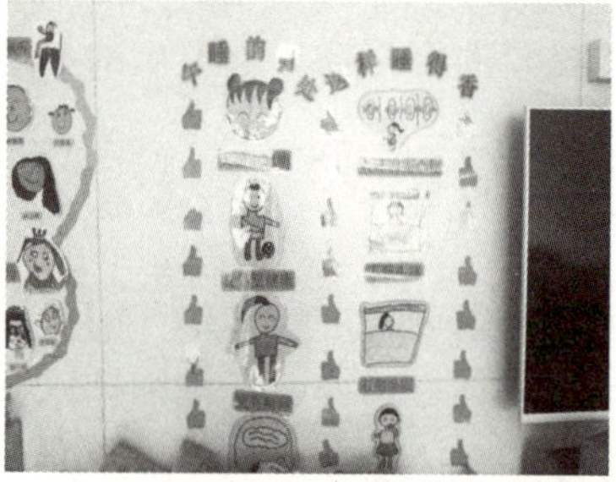

图 2-24　睡午觉的好处

3. 自主性原则

自主性区域游戏是指幼儿自主的、多样化的游戏活动方式，是幼儿通过和游戏材料互动所自发进行的无意性学习。在游戏中，幼儿通过操作材料既实现了娱乐功能，又实现了教育功能。教师应创设一个能吸引幼儿、引导幼儿、支持幼儿活动的角色区域环境，更好地促进幼儿的发展（图2-25、图2-26）。

图 2-25　自制甜点

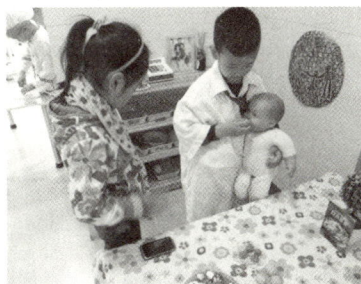

图 2-26　给宝宝喂饭

4. 目标性原则

教师应围绕幼儿发展目标确定角色区域、投放相关材料、布置角色区域环境。当教育目标确定后，教师应考虑：为了达到这些目标，需要有怎样的环境与之配合；现有的环境因素中，哪些因素对教育目标的实现是有用的、可以被利用的，哪些环境因素是要创设的。考虑清楚后，教师应制订相应的教育计划并积极组织实施（图2-27、图2-28）。

图 2-27　用水和面

图 2-28　擀面片

5. 参与性原则

角色区环境创设的过程是幼儿与教师共同参与合作的过程。教育者要有让幼儿参与环境创设的意识，要认识到幼儿园环境的教育性不仅蕴含于环境之中，而且蕴含于环境创设的过程中。教师要将幼儿参与环境创设的过程融入课程中，以便对幼儿有针对性地进行教育。

有幼儿高兴地谈论周末在家过生日的事情，教师听到后组织大家讨论："小朋友过生日都会做什么事情，吃了什么？"大家回答是吃生日蛋糕。于是班级决定开展蛋糕房的角色游戏活动。活动中，幼儿请爸爸妈妈帮助找相关资料，参观蛋糕店，买蛋糕，制作蛋糕，设计宣传画，卖蛋糕，等等。整个活动通过幼儿集体构思、调查、制作和家长参与等环节，使教师由单纯的知识传授者变成了观察者、倾听者、合作者、决策者，使幼儿由单纯的倾听者变成了计划者、参与者(图2-29、图2-30)。

图 2-29　创设蛋糕屋

图 2-30　制定游戏规则

6. 艺术性原则

角色区环境创设还要考虑到艺术性和美感。室内陈设、游戏材料等需符合幼儿的审美需求。区域环境选择的造型要富有童趣性，室内陈设要形象可爱、线条优美且富有亲切感。可以对形象进行拟人化处理、夸张与变形处理、稚拙与优美处理、动态与诙谐处理。为形象添加相应的道具空间，层次要丰富，要多摆放幼儿喜欢的形象。墙面、墙角可进行多种风格、形式的布置美化，以便较好地体现出了层次感、立体感。

要根据季节变化或知识更新的需要，不断增减更换角色区环境内容。要同时考虑合理性和艺术性，既合理地利用了包括废旧物等的各种资源，又重新创设了美好的环境(图2-31、图2-32)。

图 2-31　服装道具分层摆放

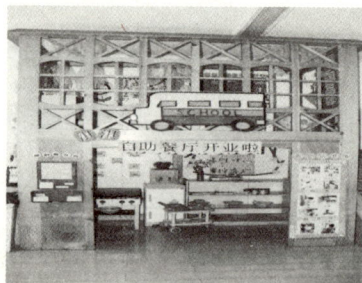

图 2-32　利用废旧材料美化环境

四、角色区环境创设的注意事项

环境创设要符合幼儿认知特点，以促进其身心健康发展。幼儿的认识正是通过自身与环境的相互作用而实现对周围环境的感知。

第一，色彩上图画色泽宜单纯，接近自然。明快的色彩对比，可使活泼好动的幼儿从中感受到色彩变化的节奏。还应考虑画面的整体美。若采用较大浅色块作为背景，可使画面既有局部美的变化又有整体协调感，能解决墙面内容多、色调不易统一的问题。

第二，造型上应以稚拙、简洁为主要表现手法。造型圆浑、稚拙、简洁的美术最能吸引幼儿。同时，绘画操作过程相对简单易行，更适用于幼儿园布置环境时的内容添加及更换。

第三，内容上要为幼儿创设熟悉的、符合心理要求的环境。幼儿喜爱熟悉的环境，而对不熟悉的环境感到害怕。新生入园，看到娃娃家有自己和爸爸妈妈的合影照片贴在活动室的墙上，会减少分离的焦虑感和恐惧感，从而能很快地融入幼儿园集体生活中。我园的墙面悬挂的既不是名人名言，也不是抽象画，因为这些东西离幼儿生活太遥远，幼儿不易接受。我们在走廊、楼梯的墙面悬挂了幼儿的作品，幼儿活动的照片，教师的儿童画等。这些悬挂物被幼儿所熟悉，符合幼儿心理特点，更能培养幼儿的审美情趣。当看到自己的作品被展出时，幼儿更能增加一份成就感、自豪感。

第四，角色区环境和游戏材料要定期消毒，注意清洁与卫生；要提供比较美观的分类标记以便粘贴在玩具柜上；游戏材料数量不宜过多，适量就好。

第五，活动中要及时发现游戏区域出现的问题，结合幼儿表现和已有经验，对区域设置和材料投放进行适当调整。要细致观察幼儿的游戏行为，在幼儿需要时提供相应的材料。要突出班级角色区游戏特点，及时提供环境布置和制作材料的指导，鼓励幼儿运用已有的材料进行创造性设计或使用，拓展游戏情节。要关注辅助材料、工具的使用安全。还可提供百宝箱，方便幼儿以物代物。同时，加强游戏与学习的融合，增加学习元素，如食品制作图谱、菜品价格调整表等，不断推进游戏发展。

第二节　角色区的材料投放

角色游戏材料是进行角色游戏的物质条件。它不仅起着角色的作用，还能增加游戏情节，丰富游戏内容。对幼儿来说，在游戏中幼儿通过对游戏材料的摆弄与操作，感官不断受到刺激，其语言、情感、想象等生理心理活动频繁发生，有力地促进了身心的全面发展；对教师来说，提供适当的角色游戏材料是一种间接的指导方式，根据观察到的幼儿实际情况及时调整游戏材料，促使幼儿的游戏水平不断提高。材料投放得恰当与否，对幼儿的游戏水平、能力发展会起到关键的作用（图2-33、图2-34）。

图 2-33　制定规则和确定角色

图 2-34　材料分区域摆放

一、角色区材料内涵

游戏材料也称为玩具材料，是指幼儿游戏中所用的玩具和其他物品的总称。它是幼儿游戏的物质基础，可以激发幼儿游戏的动机，引发幼儿对游戏的联想和行动，帮助幼儿实现游戏的目的。

角色区材料是指幼儿开展角色游戏活动时所使用的物品，一般包括高结构材料和低结构材料两大类。

二、角色区材料特性

（一）高结构材料

高结构材料指有自己固有的形状和结构，功能比较单一的材料，也就是幼儿园通常购置的仿真玩具。材料在操作时有一定的步骤、规则、方法，幼儿只要按照这个步骤、规则、方法就可以完成材料的操作，材料操作的结果比较一致。

（二）低结构材料

低结构材料指在操作过程中没有固定的操作步骤、规则、方法，但在材料中隐含部分操作线索，需要幼儿进行创造性思考，从而形成独特操作结果的材料。有的低结构化材料来源于幼儿生活，如废旧物品等。有的低结构材料无具体形象特征，对幼儿的操作限制较少，面对这类材料，幼儿可以根据自己的兴趣和当时的想法随意组合，一物多用，如环保沙、纸黏土、橡皮泥、油面等。随着幼儿能力的发展，教师只有通过仔细观察，了解幼儿的操作水平及已有经验，才能提供结构化适宜的游戏材料。

三、角色区材料的投放原则

在幼儿认知发展中，幼儿的思维主要是直观形象性思维。教师提供符合幼儿认知发展特点的区域材料，使幼儿与环境互动、与材料对话，激发探究欲望。

(一)安全性

材料要无毒、无尖角、大小适宜，既要保证不能因太小让幼儿吞咽下去，又要保证不能因太大而摆起来遮挡视线或造成行动不便。填充物要仔细查看，表层涂料要注意有害成分是否超标的问题。要做到不合格的玩具材料坚决不买，不卫生的废旧材料坚决不用(图 2-35)。

图 2-35　玩具材料安全卫生

(二)层次性

幼儿在发展过程中呈现出年龄差异和个体差异，教师提供游戏材料时，要了解幼儿的成长状况，遵循幼儿的差异性，有步骤地提供有层次区分的材料，满足幼儿不同的身心发展需求。

因小班幼儿会受到经验、想象力的限制，教师要提供逼真的材料，以便能引起幼儿对生活的回忆，如各种仿真蔬菜、水果等。中班教师要适当提供可以再创造的半成品材料，如皱纹纸、海绵纸、纸盒、瓶子等。大班半成品的游戏材料的数量和种类应有所增加，教师可以提供一些海绵纸、彩带、毛线、橡皮泥、纸盒等材料(图 2-36)。

游戏材料投放时，要把握幼儿的年龄特点和材料的适宜性，将最近的教育目标与材料的功能较准确地对应起来。投放材料可以分几个层次、步骤，分期分批地不断更新，由易到难，不断吸引幼儿主动参与活动。

图 2-36　幼儿制作的食物

（三）丰富性

区域活动中，为了满足不同幼儿的需要，要投放丰富的游戏材料，以促进幼儿各领域的全面发展。辅助材料可为幼儿的创作想象提供多样化的选择。随着幼儿认知能力的发展，他们越来越多地使用代用品和符号物。如中班幼儿开展医院游戏活动，开始时使用药瓶、听诊器、针筒等成品玩具，以后逐渐减少。先将听诊器拿走，幼儿就会去寻找类似圆形物的插片、瓶盖等，再用一根绳子串上，变成了一个听诊器。接着拿走针筒，幼儿会用小木棍插入瓶中代替。这样既促进了游戏情节的进一步发展，又提高了幼儿的想象力、创造力和解决问题的能力。

材料的丰富性还体现为材料数量的充足。需要有一定数量的材料提供给幼儿自由地选择使用(图 2-37)。

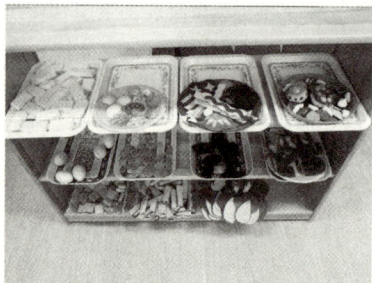

图 2-37　丰富的蔬菜

（四）趣味性

教师对幼儿操作材料的情况进行细致的观察与分析是调整材料的前提。幼儿若对某个区域的材料感兴趣，就会主动选择这个区域的材料。针对幼儿的兴趣点，教师就可反思材料的新颖性和内容的挑战性了。

实践中我们觉得好玩有趣的材料能激发幼儿主动学习的兴趣，使其能在操作中感受材料的动感变化,如妈妈的包包、高跟鞋等,幼儿就非常喜欢背一背或穿一穿(图2-38)。投放材料要适合幼儿"玩中学"的特点,要让幼儿变被动学习为主动学习。

图 2-38　妈妈的挎包和皮鞋

(五)真实性

角色游戏是幼儿对现实生活的一种积极主动的再现活动,游戏的主题、角色、情节、材料等均与幼儿的生活经验相关。幼儿生活经验越丰富,角色游戏的真实性也就越高。

第一,对游戏角色的假想(以人代人)。如在扮演爸爸、教师、医生、司机等幼儿生活中熟悉的人物时,幼儿通过语言、表情、动作等表现自己对这些角色的认知与体验。

第二,对游戏材料的假想(以物代物)。在角色游戏中,幼儿常常以一种物品代替其他物品。如用纸条当"面条",用小积塑片当"饭",用冰棒棍当"筷子"等。一物多用的情况会时常出现,如积塑条可以是老爷爷的"拐杖",也可以是护士的"注射器",还可以是警察叔叔的"警棍"等。

第三,对游戏情境的假想(情境转换)。幼儿常常通过动作和想象,将游戏情境进行浓缩或转换,如玩娃娃家游戏,幼儿就想象宝宝肚子饿了,需要做饭给他吃(图2-39)。

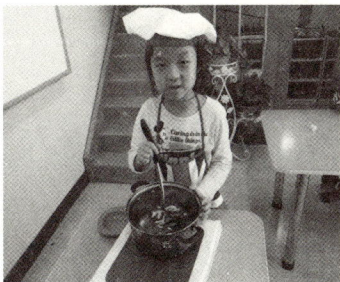

图 2-39　用真实的锅勺做饭

(六)有序性

游戏材料的提供应根据幼儿游戏的情况，随着情节的发展逐步丰富。材料可根据实物材料、自制材料等分类，按照材料大小、形状等有序摆放，以便于幼儿自由选用(图2-40)。

图 2-40　游戏材料摆放有序

四、角色区材料配备

(一)小班

1. 娃娃家

创设温馨、整洁、美观、舒适的娃娃家游戏区域。游戏区数量要根据场地情况和幼儿人数进行合理安排。娃娃家应相对封闭，标志要美观、鲜明，相邻娃娃家之间用隔板、玩具柜分开。细化区角功能，分出厨房、卧室、客厅、餐厅、盥洗室等区域。教师要和幼儿共同布置游戏区环境，让幼儿尽快熟悉角色和游戏场景。

人物：不同性别、民族、国籍的娃娃。

家具：衣柜、衣架、梳妆台、小柜子、娃娃床、儿童桌椅、沙发等。

家居物品：切菜刀、案板、围裙、奶瓶、尿布、婴儿手推车、熨衣板、熨斗、毛巾、脸盆、浴盆、镜子、梳子、发夹、领带、眼镜框、钟表、小书包、钱包、水杯、掸子、抹布、扫把、簸箕等。

食品：水果、蔬菜、鸡蛋、肉、各种主食、各种零食等。很多食品都可用材料制作或代替。例如，米饭用白色泡沫制作，包子、饺子用白色皱纹纸、彩色布、子母扣制作或代替，汉堡包用叠层的圆形布代替，热狗用海绵纸、彩色即时贴制作，面条用剪刀所剪的白纸条代替等。

厨房里的道具主要包括以下几种。

煤气灶：煤气灶是娃娃家厨房中幼儿操作摆弄所必需的用具。煤气灶玩具属于高结构的材料，既可以是现成的玩具，也可以是自制的玩具，体积要大一些，上面要装有开关和按钮（或画有图案），便于幼儿独自操作摆弄。

炒菜锅：提供的炒菜锅要相对大一点（炒菜时"菜"不易掉出来），可以使用一些家用的真实的小锅，如平底锅、干烧锅等，还可以用饼干盒自制成炒菜锅。

铲子：长柄铲、短柄铲、木头铲、塑料铲等都可让幼儿操作摆弄。

碗和调羹：每个娃娃家各以 4～8 个为宜，质地相同。

蔬菜和主食：提供一些仿真的、可以切切玩玩的小菜，以一些常见菜为主，如土豆、辣椒、萝卜、茄子、南瓜等；提供剪刀、纸张来做面条（图 2-41）；提供橡皮泥、油面、布艺来制作汉堡包（图 2-42）。幼儿在和材料互动中随时添加、组合材料，促进感觉和知觉的发展。

图 2-41　用剪刀剪纸做面条

图 2-42　用布艺制作汉堡包

卧室里的道具主要包括以下几种。

娃娃：投放可穿脱衣服的仿真娃娃。娃娃投放的数量要多一些，可以摆放在不同的地方。提供适合娃娃的衣服、帽子、围巾、鞋袜等，让幼儿根据性别为他们穿戴（图 2-43）。

小床：娃娃家的小床最吸引宝宝。小床除了用现成的也可以用积木拼搭、纸盒自制或者小椅子围起来代替。床上可放枕头、被子。卧室周围可挂上纱帘（图 2-44）。

图 2-43　给娃娃穿上衣服

图 2-44　挂上纱帘感受温馨

客厅、餐厅里的道具主要包括以下几种。

饮水机：饮水机出水时，幼儿可观察冷热水的标记，模仿生活中接水、喝水的动作。

桌子：桌子大小根据空间大小而定，要便于多个幼儿坐在一起制作、加工、分享食物和彼此的交流（图 2-45、图 2-46）。

图 2-45　制作水果沙拉

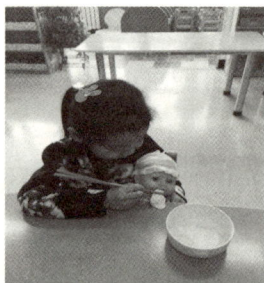

图 2-46　喂宝宝吃饺子

盥洗室里的道具主要包括如下几种。

热水器：通过自制热水器来引发幼儿为娃娃洗澡的情节。收集各式各样的洗发水和沐浴露的空瓶子，让幼儿感受不同瓶子开启、使用的方式，并根据瓶子底部大小进行有序摆放。

洗衣机：提供洗衣机以引发幼儿洗衣服、晾衣服的情节（图 2-47）。让幼儿整理折叠衣服，锻炼其生活自理能力。

指导要点：指导幼儿体验角色间的分工；及时发现和捕捉幼儿的经验表现，鼓励幼儿在游戏中的友好合作；帮助幼儿学会照顾宝宝、招待客人、整理娃娃家的方法。

图 2-47　学习操作洗衣机

2. 甜品店

场地应设置在活动室或走廊等有较大空间的地方，便于顾客来往和就座用餐。幼儿应扮演好服务员、收银员等角色，学会使用简单礼貌用语。

人物：经理、厨师、服务员、顾客。

道具：前台、放甜品的小柜子或架子、厨房操作台、餐桌、餐椅、屏风、微波炉、冰箱、蛋糕模具、彩色纸黏土、橡皮泥、擀面杖、小刀、叉子、盘子、碗、奶油蛋糕（用圆形、方形白色塑料泡沫叠成）、饼干（用剪出的圆形、方形、三角形的布代替）、甜品店标牌、甜品广告宣传画、经理的领带、厨师的帽子、服务员的头巾等。

指导要点：及时和幼儿分享工作人员礼貌待客、耐心服务的经验，帮助幼儿积累服务技能；通过参观、谈话、交流等方式，激发幼儿推出食品新品的热情；增设意见本，提高幼儿服务质量；通过幼儿代岗、换岗等方式，解决游戏中没有顾客的问题（图 2-48、图 2-49）。

图 2-48　餐具数量充足

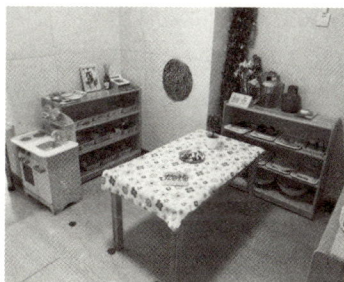

图 2-49　餐盘分类摆放

3. 汽车总动员

安排专门时间让幼儿试玩玩具汽车，减少他们对此的新鲜感。增加汽车的数量和种类。在角色的互动中让幼儿感受到角色间的关系，并能根据角色积极拓展游戏情节。

人物：汽车导购员、经理、顾客。

道具：自制汽车材料（如纸盒、泡沫板、矿泉水瓶、大可乐瓶等）、汽车展览柜、停车场、各种汽车、交通标志图等。

指导要点：在游戏中，指导幼儿观看各种汽车图片，丰富幼儿对汽车的认识与了解，帮助幼儿增长相关领域的知识（图 2-50、图 2-51）。

图 2-50　各种玩具汽车

图 2-51　交通标志图

（二）中班

1. 照相馆

幼儿是天生的艺术家，他们除能发挥想象力创作别具一格的绘画作品外，还能作为摄影师，用手机、照相机拍照并摆出不同的造型。

人物：摄影师、化妆师、收银员、顾客。

道具：化妆更衣间、收银台、照相背景板、柔光灯、玩具照相机、相册、照片（幼儿的真实照片或人物的绘画）、空化妆品瓶、镜子、裙子、帽子、纱巾、假发、发卡、项链、手链、布娃娃、小伞、假花、水杯、纸、笔等。

指导要点：第一，前期准备。请家长带领幼儿参观照相馆。和幼儿共同收集照片、玩具照相机以及其他所需物品，引导幼儿回忆照相的经过，欣赏幼儿在照相馆拍的照片（图 2-52）。

第二，与幼儿讨论照相馆玩法。

第三，出示游戏物品，引导幼儿富有想象力和创造性地游戏。

第四，照相馆的客人太多时幼儿要能知道处理办法；摄像师要能帮助顾客选择自己喜欢的背景、服饰、造型（图 2-53）。

图 2-52　小朋友的照片

图 2-53　先化装再拍照

2. 美发屋

带领幼儿一起回忆去美发屋理发的情景，引导幼儿知道理发师之间的分工。探讨本次游戏的玩法，如理发师工作包括了洗头、剪发、吹发、染发、烫发等内容。让幼儿自主选择角色游戏，明确自己的任务。各游戏间要能互动，如娃娃家的妈妈可带孩子去理发。

人物：理发师、收银员、引导员。

道具：化妆台、座椅、美发屋标识、发型图片、假发（图 2-54）、梳子、剪刀、吹风机、加热罩、浴帽、发卷、发卡、皮筋、头花、丝带、口红、眉笔、洗面奶、擦脸油、纸面膜、洗发水、冲洗台、热水器等。

指导要点：指导幼儿实地观察理发师工作程序和工作情况；鼓励幼儿提供个性化服务；和幼儿一起设计海报、宣传单，推出新款发型（图 2-55、图 2-56）；和幼儿共同商议制定美发价格（图 2-57）。

图 2-54　五颜六色的假发

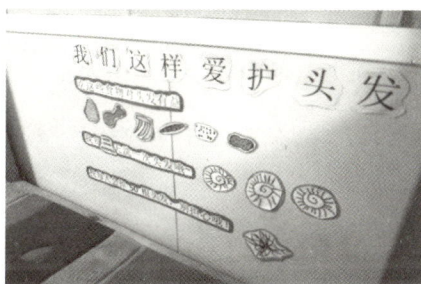

图 2-55　爱护头发的方法

图 2-56　新款发型图

图 2-57　美发价目表

3. 餐厅

开展餐厅游戏可以使幼儿在扮演餐厅里的工作人员和顾客的过程中，了解餐厅的运行流程，体验作为社会角色的快乐，发展幼儿的社会性，增强幼儿的交往能力。

人物：收银员、服务员、厨师、经理、顾客。

道具：操作台、储物柜、餐桌、椅子、货架、收银台、餐厅名牌匾、吊饰、灯笼、宣传海报、餐具、灶具、炊具、茶具、扫帚、簸箕、墩布、抹布、垃圾筐、冰箱、微波炉、电话机、钱币、价目表，以及各种食品饮料等。

指导要点：第一，教师和幼儿共同收集各种美食图片、包装；讨论国内外的美食；选出自己喜欢的美食并了解其制作方法(图2-58)。

第二，教师提供食材、辅助材料，幼儿尝试自己动手制作食物(图2-59)。

第三，幼儿要能够根据自己所扮演的角色按照一定的顺序进行游戏，如厨师会先摆放灶具再将食品放置在相应的位置上，服务员会先整理餐桌再打扫地面卫生，收银员会先将收银机摆放整齐再整理票据(图2-60)。

第四，游戏中教师要注意引导幼儿彼此间的沟通、交流，指导他们共同制定食物价格单(图2- 61)。

图 2-58 制作的豆腐和蟹棒

图 2-59 炒鸡蛋

图 2-60 按照流程图制作食品

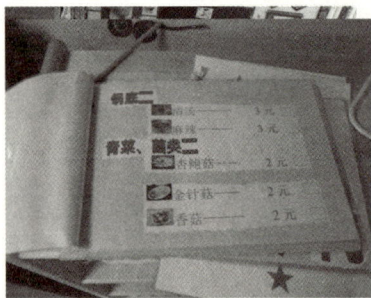

图 2-61 制作食物价格单

4. 医院

因为幼儿都有上医院看病的经历，因此能迁移生活中关于医院的知识经验，与同伴合作创设医院的环境。游戏中，幼儿要学习用协商、轮流等方式分配角色，共同解决游戏中出现的问题，不断发展游戏情节。

人物：挂号员、收银员、医生、护士、病人。

道具：医院标志牌、挂号台、收银机、门诊桌椅、药品柜、检查床、手术台、体重秤、身高测量仪、视力表、听诊器、手电筒、压舌板、血压表、注射器、吊瓶、手术刀、镊子、剪子、纱布、绷带、石膏板、药瓶、棉签、创可贴、胶布、显微镜、试管、听诊器、医学知识图谱、药品等。

指导要点：第一，教师让幼儿通过看视频了解医生的工作流程。

第二，教师要鼓励幼儿热情接待病人，耐心细致地给病人看病。

第三，教师可给幼儿检查视力和牙齿，在幼儿中间宣传保护眼睛、牙齿的重要性(图2-62、图2-63)。

第四，教师要先将装药品的玻璃瓶严格消毒，然后组织幼儿讨论和学习一些药品知识。

图 2-62　保护眼睛

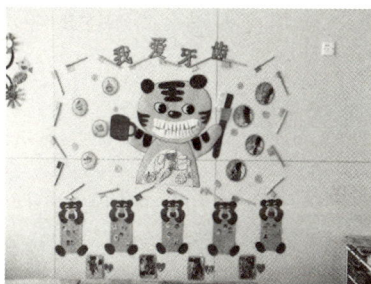

图 2-63　爱护牙齿

5. 饮料店

在饮料店悬挂或粘贴饮料促销活动广告。在幼儿中开展饮料促销、制作饮料等游戏活动。

人物：服务员、收银员、顾客。

道具：饮料店标牌、操作台、售卖台、食品柜、食物回收柜、餐桌、餐椅、屏风、制冰机、榨汁机、小托盘、饮料杯、吸管、餐巾纸、塑料勺子、制作果汁的步骤图、饮料价格单(图2-64)、工作内容提示图、零钱、取款机、帽子、头巾、围裙、套袖、冰激凌、果汁(图2-65)等。

图 2-64　自制饮料价格单

图 2-65　各种颜色的果汁

指导要点：游戏中幼儿态度要亲切、有礼貌；能主动使用角色用语；能遵守规则，顾客多时会排队等候；游戏中遇到问题时能自己尝试解决或寻求教师的帮助。

（三）大班

1. 超市

幼儿一般都有去超市买东西的经验。在教师的启发下，幼儿愿意将自己的经验和别人交流，对售货员和顾客的角色职责也都比较清楚，会说"欢迎光临"、"请问您要点什么"等礼貌用语。

人物：收银员、售货员、保安、经理、顾客。

玩具：交通类玩具、动物类玩具、娃娃类玩具等。

文具：水彩笔、油画棒、毛笔、铅笔、橡皮等。

衣服鞋帽：上衣、裤子、裙子、袜子、鞋、帽子等。

面食：面包、馒头、花卷、包子、饺子、面条等。

蔬菜：白菜、青椒、菜花、土豆、茄子、黄瓜、胡萝卜、西红柿等。

水果：苹果、梨、橘子、菠萝、火龙果、桃子、葡萄、西瓜等（图 2-66）。

糖果：硬糖、软糖、夹心糖、巧克力糖等。

饮料：红茶、绿茶、奶茶、蜂蜜水、矿泉水等。

其他道具：货架、柜台、收银台、店名牌匾、吊饰、宣传海报、标示牌、小筐、购物袋、包装袋、钱币、银行卡、会员卡等。

指导要点：引导幼儿了解超市内部结构，说出货品名称和用途，学习物品的归类和整理码放（图 2-67）。游戏中幼儿购买物品、清点客人人数或分配礼物时，可把对 10 以内数的学习贯穿其中。

图 2-66 制作水果沙拉

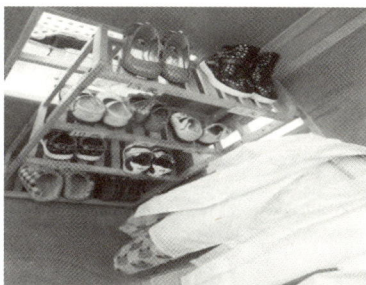

图 2-67 鞋子摆放整齐

2. 小剧院

创设小剧院的场景，为幼儿提供模拟角色游戏机会（图 2-68）。幼儿能积极主动地投入活动中，体验游戏的快乐。

人物：主持人、演员、售票员、观众。

道具：小舞台、售票处、衣架、椅子、小剧院名牌、舞台背景板、海报、节目单、长裙、披风、面具、假发、头饰、墨镜、帽子、大树、花、鸟、鱼、栅栏、钟、三角铁、木鱼、腰鼓、废旧包装袋、即时贴、海绵纸、报纸、手偶、人偶等。

指导要点：第一，引导主持人与观众进行互动。

第二，对小演员的精彩表演要给予表扬和鼓励。

第三，增加标识性材料，帮助幼儿明确自己的角色。

第四，增加暗示性材料，突出材料的暗示作用。例如，在小剧院中，可以提供"开场"和"休息"的牌了，让观众明白小剧院的工作时间。

第五，制作各种节目单（图 2-69）。

图 2-68 创设小剧院的场景

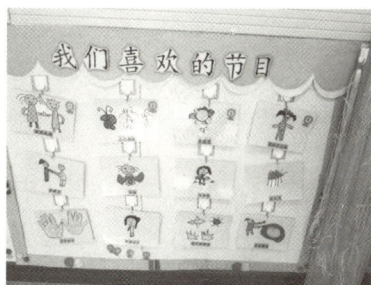

图 2-69 设计的节目单

3. 银行

在银行游戏中，让幼儿了解钱币、银行卡的知识，知道钱币的面值和换算关系，学习存钱、取钱的方法。

人物：经理、收银员、顾客、保安。

道具：柜台、桌椅、保险柜、电脑、取号机、验钞机、取款机、人民币、储蓄卡、存折、票据等。

指导要点：第一，游戏开始时，幼儿既可通过存折取钱，也可到自动取款机取钱，让幼儿更加自主游戏（图2-70）。

第二，在游戏中幼儿排队时，经理要做好答疑解惑工作；保安人员要尽责地维持好秩序。

第三，游戏中顾客与工作人员要使用礼貌用语进行交流。

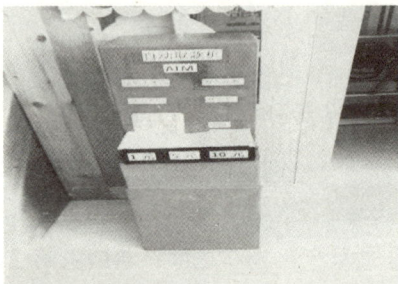

图 2-70 自动取款机

4. 邮局

游戏中幼儿要模仿邮电局工作人员给被邮寄物品打包、称重、粘贴邮票；要能提示顾客写清楚收信人的地址、姓名、电话号码、邮政编码。

人物：邮局工作人员、顾客。

道具：柜台、座椅、取号机、电脑、验钞机、人民币、信封、信纸、笔、胶水、邮票、邮戳、胶带、塑料编织绳、书、杂志、电子秤、工作人员服装、胸牌等。

指导要点：第一，组织幼儿参观邮局，请邮递员为小朋友介绍各部门名称及主要工作内容。

第二，组织幼儿认识邮票，了解邮票的基本特征。

第三、组织幼儿创设爱心邮局，让他们自己设计邮票（图2-71、图2-72）。

图 2-71　创设爱心邮局

图 2-72　设计邮票

5. 小学校

幼儿通过看照片和参观小学进一步了解了小学生的学习和生活环境，激发了他们做小学生的愿望。幼儿通过角色游戏又可化解他们对于上小学的焦虑。

人物：教师、小学生。

道具：讲台、桌椅、书架、闹钟、手表、书包、铅笔盒、铅笔、橡皮、尺子、转笔刀、黑板、粉笔、板擦、录音机、磁带、小印章、数学卡片、图画书、故事书、田字格本、算术本等。

指导要点：第一，进行环境准备，把小学生学习、活动的图片贴在角色区，创设角色区小学校。

第二，通过谈话交流激发幼儿上小学的话题。

第三，让幼儿回忆参观小学时的场景。

第四，组织幼儿讨论，内容是小学教师是怎样教音乐、舞蹈、绘画等课程的。

第五，在角色区张贴"小学课间十分钟"和"幼儿园的一天"图片，让幼儿感受时间的变化（图 2-73、图 2-74）。

图 2-73　认识时间

图 2-74　一天的活动安排

第三章 角色区活动的组织原则和指导策略

第一节 角色区活动的组织原则

幼儿园角色区活动是幼儿自由自主开展的活动，自然性和自主性是其典型特点，但这并不意味着角色区活动不需要教师的组织。高质量的角色区活动是幼儿的自主性与教师的教育性两者的有效结合。具体而言，角色区活动应遵循以下组织原则。

一、主体性原则

虽然幼儿的角色游戏需要教师的指导和干预，但是任何时候我们都要切记，幼儿是游戏的主体，角色区的创设、整个游戏过程的开展都要充分尊重幼儿的兴趣和想法，不能将教师的主观想法与建议强加给幼儿。在角色区的这方空间内，幼儿玩什么内容，哪怕在小餐厅玩打电话的游戏都不要干预，只要幼儿感兴趣，能积极投入自己的角色中就好。由于受年龄及生活经验的限制，幼儿在游戏中会遇到各种各样的问题，包括混淆角色、争抢玩具、玩具收放散乱等。教师要相信幼儿，给予他们自由的空间和时间，让他们在交流、碰撞、冲突中体验角色的职责、行为、情感，在发生问题、解决问题过程中感受社会的多样性，并逐步获得相应的社会认知。在具体实践中，有的教师冒昧打断幼儿游戏，指导幼儿按照自己计划的目标行事，还有的甚至规定幼儿游戏内容。这都是违反幼儿主体性原则的表现。切不能把角色区变成教师显性干预幼儿活动的空间。对于幼儿游戏，教师可以去帮助修正，可以提建议，但不可代替幼儿决策，不可一切都体现教师的意志。

幼儿的主体性还体现为在游戏过程中，教师不可以催促幼儿。如果游戏中幼儿间发生冲突，磨合不佳，教师要允许幼儿按照他们自己的节奏去协调彼此关系。当游戏过程中发现问题时，教师也不应马上告诉幼儿应该去做什么，而是通过丰富幼儿经验，通过游戏活动后活动区的讨论等，让幼儿自己发现问题，并集体探讨解决问题的方法。

尊重幼儿的主体性还体现为对于游戏主体的来源、游戏环境的创设、游戏过程的开展，教师都要充分尊重幼儿的想法，让幼儿在自己的游戏中，自由、自主地获得真实的游戏体验。

需要注意的是，我们强调幼儿在游戏过程中的主体性，并不是说不需要教师的指导和任何干预。在角色区活动前，教师要充分了解幼儿的兴趣，和幼儿一起创设区域；在角色区活动过程中，教师要认真观察幼儿游戏状态，了解幼儿游戏水平，为开展有针对性的教育活动奠定基础，同时根据观察中出现的问题给予有针对性的隐性指导，促使幼儿游戏朝着更深入的方向发展。[1]

二、创造性原则

角色游戏是以角色扮演为主要表征手段，自主地、创造性地表现和表达自己对现实生活和环境的认识与体验、想法和愿望的一种象征性游戏。角色区是幼儿创造性地使用材料和进行游戏的空间。没有想象就没有角色游戏。幼儿在角色区玩什么，怎么玩，用什么玩都是幼儿自己想象和创造的。幼儿的角色游戏虽然反映真实生活，但绝不是对真实生活的简单反映，而是一种创造性反映。如果教师在游戏指导的过程中过分强调角色扮演的真实性，会限制幼儿角色扮演的创造性。在幼儿游戏过程中，我们不应关注幼儿玩得是否"真实"，应关注的是幼儿游戏过程中的满足感、快乐体验以及通过角色之间的互动而进行的同伴互动。

三、社会性原则

角色区是促进幼儿身心全面发展的区域，但也包含社会性价值。角色区顾名思义即是通过象征性的角色扮演体会这些角色的态度、行为、语言等，从而建立幼儿对于社会角色以及周围世界的认识的区域，所以社会性是角色区组织中的重要原则之一。在具体的教育实践中，有的角色区游戏徒有虚名，幼儿虽然有角色分工，但并不说角色的话，做角色的事，人与人之间也没有互动，所以，并没有真正实现角色区的核心价值。例如，在端午节来临之际，大班的幼儿为了庆祝节日，感悟中国传统文化，在食堂师傅的指点下在班级中开设了粽子店。幼儿都来

---

① 刘焱：《儿童游戏通论》，北京，北京师范大学出版社，2004。

此一展身手，在教师的帮助指点下大都学会了包粽子。可是时间长了，教师发现，在这个区域时间，幼儿都在忙着包粽子，相互之间几乎没有交流，也没有自己的角色体验。对幼儿来说，他们仅仅获得包粽子的操作经验。这样的角色游戏意义就不大了。于是教师在区域评价时间，引导幼儿思考：包粽子是为了什么？粽子店里只有包粽子的师傅但并没有客人，我们包的粽子谁来买？幼儿的回答非常好。他们说，粽子店杂乱无序，需要选一个店长来领导，而且，包了这么多粽子应该邀请别人来品尝，可以设置一个服务员去专门负责此事，这样粽子店的生意才能越来越红火。调整之后的粽子店促进了幼儿社会性的发展。

四、开放性原则

与集体教学活动的计划性相比，角色区是幼儿自主开展游戏的空间。在游戏中幼儿可以自由地表达自己对于生活的想法、兴趣、需要、愿望等，自主地选择玩伴、协商制定游戏内容、协商角色分配，所以说角色游戏具有极大的开放性。在游戏过程中即使有教师的指导，也要一切以幼儿的兴趣和需要为出发点。如果教师的建议幼儿不接受，那教师就必须放弃，切不能把自己的意愿、主观意志强加给幼儿。在具体实践中，有的教师好心地计划角色区内容，把角色区当成实现教师主观教育意图的空间，或者当幼儿的游戏内容背离计划主题时将其打断，将幼儿引导回教师希望的游戏中。这是违背角色游戏开放性原则的。角色游戏的开放性原则确保了角色区是一个幼儿自己想玩自己又能玩的空间，是幼儿自己可以当家做主自由操纵的空间。角色游戏的主体性与开放性原则互相促进，共同确保了游戏的幼儿属性和以自由为本质精神的实现。

五、整合性原则

生活是整体的生活，幼儿的身心发展也是一个整体，促进幼儿身心全面发展体现在幼儿园的所有活动中。幼儿的角色区活动也一样。虽然角色游戏的核心价值是促进幼儿社会性及语言能力的发展，但是我们也要以整体性的视角对角色区进行创设，并指导角色区活动的开展。

(一)整合幼儿发展的各个方面

幼儿身心和谐的发展依托于各种活动的开展，而各种活动也往往不仅仅指向于幼儿某一方面的发展，而是指向很多方面的发展。虽然角色区的核心价值是指向社会领域，但在自然的活动中，角色区又能同时促进幼儿多个方面的发展。例如，在身体方面，幼儿通过学习各种工具的操作方法，促进了他们的小肌肉动作的发展；在语言方面，幼儿在自然的交流中学习倾听、应答、表达；在科学方面，幼儿在取放和收拾整理材料时，把相同和类似的物品放在一起，学习对应、分类等技能。所以，在进行创设及开展角色区活动的过程中，教师要有机整合身体、操作、语言、科学、艺术五大领域的内容，自然地实现幼儿身体、认知、社会性等各个方面的综合发展。

（二）整合角色区与其他区域

在幼儿园的班级中，我们将班级场地分为角色区、建筑区、表演区、阅读区、美工区等各个区域。这些活动区以玩具柜、吊饰等为标志被分割开来，活动区时间幼儿被要求不可随意串区，所以，游戏过程中幼儿之间实质上没有太多的联系和互动，相互间各玩各的，不相往来。如果以整体的思想来考虑班级活动区的创设，那么各个区域之间就可以实现有机的联系、自然的融合与渗透。例如，在花店角色区的创设过程中，可引导幼儿与美工区合作，将美工区制作好的鲜花送到花店出售，而在角色区幼儿购买到鲜花之后，可以带着鲜花到表演区当观众观看表演，并将鲜花送给小演员。区域之间的自然互动、有机融合能带给幼儿更多发展的可能性，实现了角色区之外幼儿之间的交往与成长经验的共享。

（三）整合角色区与班级一日其他环节

幼儿一日生活皆教育，幼儿在园的一日课程教师都应系统管理、整体安排。集体教学活动、角色游戏等都是实施课程的途径。如果不以整体的思想教学规划一日课程，教学归教学，游戏归游戏，生活归生活，游戏和教学、主题活动之间没有任何的瓜葛，那么幼儿一日生活中获得的经验都是没有关联的、零散的、割裂的，这样不利于整体推动幼儿的发展。而如果有效整合幼儿通过角色区与其他方式获得的经验，则可以促进幼儿整体的发展。

第二节　角色区活动的指导策略

角色区是幼儿自主自由开展游戏的地方，自主开放是活动区活动的核心特征，但是在幼儿开展游戏的过程中，教师的指导也是非常必要的。教师有效的、隐性的干预能推动游戏深入开展。在游戏的活动前、活动中、活动后，教师的指导重点都不一样。活动前的教师多是经验的铺垫者、兴趣的捕捉者、材料的提供者、环境的创设者。活动中的教师多是游戏的观察者、游戏的合作者、游戏问题的发现者、游戏水平的评价者、必要问题的处理者。在活动后，教师多是经验交流的组织者。教师组织幼儿通过讨论反思总结自己游戏的过程、存在的问题，提出改进的方法，或者萌发出新的游戏主题，推进游戏深入开展。

一、活动前的指导策略

策略一：根据幼儿身心特点、兴趣等生成游戏主题

幼儿的游戏一定要建立在他们的兴趣和关注点之上，所以在确定游戏内容前教师一定要首先仔细观察幼儿在日常生活中的兴趣点、关注点，以适时生成角色游戏主题。例如，随着假期的结束，回到班上的幼儿非常兴奋。因为幼儿的家长多带他们去各地旅游了。走南闯北的他们拍了许多风景照，有的甚至和父母一起将这些照片自制成旅行图书。同时，幼儿也都表现出通过照片展示自我的强烈兴趣。顺应幼儿的兴趣，教师带领他们一起创设了照相馆角色区，把幼儿带来的各地的照片粘贴在墙上。由于游戏源于幼儿兴趣，与他们的生活经验紧密相连，所以他们非常喜欢。

策略二：立足幼儿的日常生活经验生成新的角色游戏内容

角色游戏是源于幼儿生活、反映幼儿生活的游戏，所以幼儿游戏主题的选择一定要立足于幼儿熟悉的生活，这样游戏才有坚实的基础，才能玩得起来。生活是幼儿游戏不尽的创意源泉。

例如，刚入园的幼儿，在来园之前主要是在家庭中度过的，家人是他们最熟悉、感觉最安全的人。立足他们的生活经验、根据他们的身心发展特点，开展娃娃家游戏，创设娃娃家角色区是非常适宜的。这不仅能发展幼儿的社会性，而且对缓解幼儿情绪，帮助他们顺利完成从家庭到幼儿园的转变都有重要的意义。再如，春暖花开的四月，公园里、幼儿园里百花竞放，深深地吸引了幼儿。为让幼儿感受春天的美好，中二班组织了一次"春游鲜花港"的亲近大自然活动。在鲜花港，幼儿见到了众多五颜六色的鲜花，激发起他们对鲜花的极大兴趣。回到班级后，在活动区时间许多幼儿自主开始了制作花朵的活动，并逐渐发展成在班级创设了花店角色区。

案例 1　班级生日派对的诞生

　　早上在小朋友喝水的时候，我听见很多人都在说："我昨天去张皓铖家里了，是去给他过生日的。"于是我就在过渡环节的时候，问小朋友，过生日都可以做什么事情，可以怎么过生日。大家随即讨论起来，说得不亦乐乎。原来小朋友过生日的时候都会举办自己的生日派对。他们会邀请小朋友到家里一起游戏，一起分享蛋糕，一起送祝福。班里很多的小朋友都曾经相互邀请过。我也经常在班级微信群里看到家长们发的幼儿到朋友家做客一起过生日的照片。了解到幼儿的生活经验后，我就想，把幼儿自己的生日派对带到班级里来，让全班的小朋友都有机会参加其中，岂不更好？于是我尝试与他们沟通："这学期我们也在班里创设一个蛋糕房，班里的小朋友一起做蛋糕、吃蛋糕、过生日好不好？"他们异常高兴，你一言我一语地说出很多自己吃蛋糕、过生日的故事。就这样，我们在班级的阁楼里开了一个蛋糕房。小朋友一有机会就在这里做蛋糕，既一起感受到过生日的快乐，又能使自己的社会交往能力得到提高。

（丁雨新）

　　我们清友实验幼儿园是社区园，班中的幼儿都居住在一个小区，并且很多人都是从小一起在小区玩大的。从幼儿园离园后和在节假日的时间里，他们常常一起在小区嬉戏，关系非常要好。幼儿过生日的时候，他们都会相互邀请一起庆祝。教师敏感地捕捉到幼儿真实而丰富的生活经验，在班级创设了深受幼儿喜欢的蛋糕房角色区。

　　策略三：与主题活动结合开展角色区活动

　　区域活动也是幼儿开展主题活动的重要方式，所以根据主题内容也可以开展相关的角色区活动。当然，角色区活动与主题活动的结合要很自然，不能牵强，一切要随幼儿的兴趣。例如，在开展主题活动"北京，我的家"的过程中，有的幼儿利用假期去吃北京小吃，并对北京小吃产生了浓厚的兴趣。假期归来后，他们还对品尝过的美食津津乐道。于是，教师建议幼儿一起创设北京小吃店，利用各种材料，开展各种北京小吃的制作和买卖活动。这个建议得到幼儿的热烈响应。还有的班级在国庆前配合"小脚丫走天下"主题活动给幼儿布置了小任务，让他们记录自己假期中的所见所闻并进行交流。活动引发了幼儿的强烈兴趣，并且国庆回来以后依然热情不减。于是教师顺应幼儿的兴趣，在班级中开设了照相馆角色区。照相馆角色区让幼儿尝试了摄影师的工作，从中发现了美、捕捉了美，同时，也延伸拓展了主题内容。

策略四：丰富幼儿生活经验以利于开展角色区活动

角色区是再现幼儿生活的区域，所以丰富的生活经验是开展角色区活动的前提和基础。例如，要开小商店或者小超市等，那教师必须通过多种方式提前丰富幼儿相关的经验。可以让幼儿阅览相关书籍，观看相关照片，而最有效、最直接的方式就是教师带幼儿实地走访，让幼儿看看商店或超市都是什么样的，有什么东西，都是怎么卖东西的，里面都有哪些人，人们都是怎么做的。如果教师带着不方便，可以取得家长的配合，请家长在节假日带幼儿去商店或超市购物。这样，有生活经验做支撑，幼儿在游戏的过程中才会真正玩起来，也有的玩。

这里要注意，丰富幼儿经验的重点不是要告知幼儿某个东西怎么制作，而是要重点帮助幼儿认识特定场景中工作人员的活动及人与人之间的相互关系。例如，花店是干什么的，都有什么人，每个人的职责是什么，应该说什么样的话，相互之间又是如何交流的，等等。

策略五：提供适宜的游戏材料

在活动区中，我们主要是通过让幼儿与区域中的材料发生互动来影响幼儿的，游戏材料是我们间接对幼儿进行教育的载体。

第一，提供的游戏材料要有可操作性。在区域创设时，很多教师趋于投放一些高结构化的、市场上购买来的成品玩具。这种成品的高结构化的材料操作性差，限制幼儿想象，违背幼儿在操作中学习，在动手中学习的特点。幼儿很快就会丧失对这些材料的兴趣。我们认为活动区材料应尽可能提供一些半成品或者能一物多玩的低结构材料，让幼儿与材料充分互动起来。

第二，提供的游戏材料要生活化。在安全的前提下，尽可能地提供一些生活化的、真实的游戏材料，因为它们能极大地激发幼儿的游戏热情，便于幼儿再现真实的生活情境。如在小厨房游戏里，以往我们都是购买玩具类的橱柜、食物等，但是，这些仿真玩具类的东西不能真实地反映生活，而且很多操作性差，与真实的材料相比，难以调动幼儿的游戏热情。为此，教师尝试着在小厨房游戏里提供了一些小型的家用厨具，包括小煎锅、小铲子、小碗、小炒勺、小电饭锅等。真实的材料一下吸引了幼儿的兴趣。他们拿着这些平常在家中被禁止的却又熟悉的材料开心地游戏，更加得心应手地当起爸爸妈妈来。再如，在小班的时候，幼儿玩厨房游戏时多用一些碎纸、线头、橡皮泥等来制作食物。随着幼儿年龄的增长，他们也都知道这些材料是假的，更希望用真材实料来玩游戏。教师顺应了幼儿的兴趣，投放了真实的做饭材料，让幼儿真实体验厨房做饭过程，激起他们强烈的参与热情，也在游戏中体会到成功与自信。

策略六：提供代表不同角色的服饰

在角色区中，幼儿游戏的内容很多时候都来源于教师提供的材料。角色区是幼儿感受社会性角色的区域，教师应提前在这里提供体现不同角色的服饰。比如，妈妈的手提包和小丝巾、爸爸的领带、爷爷的眼镜、奶奶的菜篮子、医生的白大褂、警察的帽子、不同民族的服装等。在这里，材料本身也是帮助幼儿认识角色特征的重要方式。

策略七：与幼儿一起讨论游戏内容

角色区主题及材料确定后，教师还需要与幼儿一起就角色人员、环境创设、游戏玩法等进行初步的讨论，利用集体的经验与智慧帮助幼儿顺利开展游戏。

新学期开始，大四班的幼儿决定在角色区开展爱心小吃活动。主意虽然很好，但是，爱心小吃有哪些角色，各自如何分工，角色衣服都有何特点，角色区里环境如何创设，菜单如何制定，这一系列问题都有待解决。为此教师组织幼儿围绕相关问题进行了讨论，并达成一致。教师与幼儿一起讨论活动区的创设，讨论游戏情节的开展，讨论各种材料的提供，这个过程既是经验分享凝结智慧的过程，也是引导幼儿明确游戏玩法、了解注意问题事项的过程。一般来说，中大班尤其是大班幼儿这方面的能力更强一些。

🌿 **案例 2　给餐厅起名字**

班级中有一个小阁楼，幼儿决定在阁楼里开设小餐厅。我们一起讨论决定要给餐厅起个名字。牛牛说："好味道餐厅。"翔翔说："真不错餐厅。"诺诺说："味多美餐厅。"小好说："味多美是蛋糕店，我们要开的是餐厅。"瑞瑞说："要不就叫多美味餐厅吧，从名字中会觉得餐厅的饭菜味道不错。"我们举手表决，因同意叫多美味餐厅的人数较多，最后就决定叫多美味餐厅。那我们的餐厅游戏要怎么玩呢？幼儿纷纷说出自己的想法。餐厅里可以有厨师、服务员、顾客。淇淇说："有人来吃饭了，服务员可以招呼客人，还能帮助客人点餐。"熙熙说："厨师准备饭菜，做好了叫服务员上菜。"小麦说："吃完饭后，服务员带客人去结账。"对于我们餐厅里要投放些什么材料，幼儿七嘴八舌地说出了烤串、包子、春卷、汤圆等食品。根据幼儿的兴趣及生活经验，我们一起投放了相关材料，有制作好的成品，还有一些需要幼儿自己加工的半成品。餐厅的工作已经准备就绪，可以开业啦。（芦　月）

策略八：引导幼儿在活动之前尝试做活动计划

在每天的活动区活动开始之前，要带领幼儿一起提前做游戏计划。教师要询问选择角色区的幼儿今天计划玩什么游戏，想用什么材料去完成，提前思考游戏内容，考虑游戏方式。提前做计划非常重要。当幼儿做计划的时候，他们在为更积极地自我认知和更强的自控意识的发展奠定基础。做计划能鼓励幼儿清楚地表达自己的想法、选择和决定，引导幼儿积极参与游戏并将注意力集中在游戏上，从而提高幼儿游戏水平。对教师来说，通过做计划能让教师更了解幼儿的兴趣，幼儿的游戏现状，方便教师有针对性地指导。在做计划的过程中，教师可通过认可支持、提供建议、帮助回忆等方式促使幼儿做好计划。

策略九：提供活动流程或活动内容的图片

幼儿在环境中学习。针对幼儿在游戏中存在的问题，如角色工作内容不清晰、角色意识混乱、玩具摆放混乱等，教师可以提供相关活动流程或内容的图片来帮助幼儿丰富经验，了解角色工作内容和玩具收放位置。例如，每天角色区开始后，火锅店的厨师要做的事情为洗手、穿厨师衣服、利用各种材料准备菜品，而服务员的职责为打扫卫生、收拾整理物品、招待客人等。看着这些图示，幼儿对角色的认识会不断得到强化。再如，小班初期幼儿游戏结束后不懂得整理材料，导致娃娃家混乱不堪。针对这个问题，教师除了语言提示外，特意在角色区用图片的形式提示幼儿游戏结束后要将玩具收回原处，提示幼儿每个玩具的家都在哪里。之后，娃娃家就逐渐整洁起来。

二、活动中的指导策略

策略一：关注角色游戏六要素

"想象的角色扮演"、"想象的以物代物"、"有关动作与情景的想象"、"角色扮演的坚持性"、"社会性交往"、"言语交流"是社会性角色游戏中的六个有价值的关键要素。如果在进行角色游戏活动中缺失某要素，教师就应通过引导加以干预弥补上缺失的要素，使之真正成为角色游戏。这种情况一般会在幼儿小班的时候出现，教师要多加关注。到了中大班，教师则应重点关注角色游戏中主题与情节之间的关系等方面的内容。

案例 3 我们都想当厨师

小餐厅是我们班幼儿非常喜欢的一个活动区。根据幼儿的需要，现在小餐厅的食品有包子、春卷、汤圆和水果沙拉等。很多幼儿都喜欢参与小餐厅的游戏，摆弄这些形象逼真的材料。有一天，成成参与小餐厅游戏。他发现制作水果沙拉的小厨师丫丫离开了，就立刻跑去摆弄制作水果沙拉的材料，觉得挺好玩的。丫丫回来后发现成成正在制作水果沙拉，就很生气地和成成吵了起来。成成怎么也不愿意离开厨师岗位，他让丫丫去扮演服务员。丫丫说："我才是这里的厨师，沙拉也是我先制作的。"在旁边的成成想了想说："那我们石头、剪刀、布。"结果，成成输了。他把制作水果沙拉的材料放到了桌子上，离开了。（芦　月）

不只是小班的幼儿，即使中大班的幼儿也会经常由于角色扮演发生冲突。幼儿之间常常因为"你该做什么、我该做什么"发生争吵，这其实说明幼儿的游戏水平在进步。随着幼儿能力的发展和游戏的逐步开展，游戏角色增加了，游戏的情节也丰富了，但有时候幼儿也会受游戏材料和参与游戏人数等因素的影响而离开自己当前的角色，参与到其他游戏中，甚至强占他人的角色。这些现象的出现非常正常。在碰撞中幼儿会更加明白社会的规则，更加明白自身的角色及应当承担的角色任务。

策略二：必要时以角色的身份与幼儿共同游戏

小中班的幼儿由于角色意识和角色交往能力弱，游戏的过程中虽然有游戏主题，但是不会丰富和延伸情节。发现存在的问题后，教师不要直接打断幼儿，而是可以以角色的身份很自然地加入其中，并通过提出问题、提出要求、平行角色示范等隐性的方式干预、推动游戏的发展。当然，幼儿永远是游戏的主体。如果幼儿对教师的引导或者建议不感兴趣，那么教师就一定要放弃，要寻找其他机会，切不可强迫幼儿屈从自己的建议。整个过程中，教师都要先观察，在观察的基础上了解他们的游戏意图，等出现问题后，再自然介入。

🌿 **案例4　男孩也可以当妈妈**

　　幼儿最喜欢的活动区时间到了。他们纷纷选择了自己喜欢的区角。三位小朋友高高兴兴地来到了娃娃家，不一会儿，娃娃家传来了争吵的声音。"我要当妈妈。""我也要当妈妈。"听到吵闹声我赶紧来到了娃娃家，经过询问，原来是添添和开开都要当妈妈。我蹲下身子问："为什么都要当妈妈呢?"开开抢着说："因为我是女孩子，我最喜欢妈妈，所以，我要当妈妈。他是男孩子，应该当爸爸。"这时候添添也不甘示弱地说："我也喜欢当妈妈，不想当爸爸，当爸爸不好玩。"见此情景，我扮演成宝宝拉着添添的衣服说："妈妈，今天不是说要到开开妈妈家做客的吗?"开开听了我说的话后说："那我们一起当妈妈吧!今天有两个妈妈了。"添添拉着我的手一起来到了开开妈妈的家里。开开妈妈热情地招待我们，添添也开始帮着开开一起做饭了。我笑着说："开开妈妈和妈妈一起为我做好吃的了，好开心哦!"这时候开开和添添不再为争抢妈妈角色而生气了，而是一起开心地游戏了。（刘　洋）

🌿 **案例5　失职的理发师**

　　今天的角色游戏的活动时间又到了。小迪担任的是理发店的发型师角色。有一个顾客来到了理发店，小迪开始为他理发。小迪一只手拿着梳子，一只手拿着小推子，梳一梳，推一推，认真地有模有样地为顾客理着发。理完后，顾客照了照镜子，高兴地走了。小迪看见顾客走了，又没有新的顾客来，就在椅子上坐了下来摆弄着理发店里的物品。摆弄了一会儿后，小迪看到还是没有顾客来，就起身离开到别的区去玩了。发现这种情况后，我扮作客人来到了理发店，大声招呼："我要理发，店里有人吗?"听到我的招呼，小迪快速跑来说："来了，来了。"我假装生气地说："你的服务态度不好，一定有很多顾客来找过你了，找不到你就走了，那你店里的生意就越来越不好了。下次假如没客人，可以想出很多办法来邀请客人。"（芦　月）

　　策略三：教师通过平行游戏示范角色行为

　　当教师通过观察发现幼儿不清楚自己的角色行为或者游戏内容低水平重复时，教师可以以角色的身份参与其中，以自己的行为给予幼儿一些启发，带动游戏开展起来。

🌿 **案例6** **混乱的娃娃家**

> 　　幼儿玩娃娃家游戏有几天了。每天我都观察到，他们都在各干各的，忙忙碌碌地把娃娃家的材料拿出来摆一桌子，游戏内容与角色没有一点关系，宝宝躺在那里半天也没人照顾。有一天，我来到了娃娃家，询问幼儿我是否可以和他们一起游戏，他们非常开心地同意了。于是在我的引导下，幼儿明确了自己的身份：乐乐是爸爸，悠悠是奶奶，我是妈妈。游戏开始了，我开始做饭、打扫房间，很快娃娃家的幼儿都和我一起做饭、打扫房间，干一模一样的事情。这时候我说："孩子爸爸，你今天休息吗？"做爸爸的小朋友看着我笑了笑说："对呀，我今天休息。"我说："那孩子爸爸，你可以帮我送孩子去补习班吗？"扮演孩子爸爸的小朋友高兴地同意了。（刘　洋）

　　策略四：抓住存在的问题促进游戏的深入发展

　　游戏的过程往往不是一帆风顺的，伴随着各种问题的发生，如理发店没有人光顾、角色分配不顺畅等。这个时候，教师可以以角色的身份加入幼儿的游戏，通过在角色游戏中自然提出要求、任务等帮助幼儿将游戏进行下去。例如，针对理发店没有顾客的问题，教师可以自告奋勇征得幼儿的同意在游戏中当起小店员工的角色，并想办法通过做广告、降低理发价格、设置特惠活动等办法招揽顾客，这样让理发店红红火火地开展起来。

　　策略五：关注幼儿计划的落实情况

　　在活动前，教师引导幼儿制订了活动计划。在活动过程中，教师要关注幼儿计划的执行情况。如果游戏没有被按照计划执行，教师可以在活动区回顾环节和幼儿交流倾听他们转变计划的原因。学习制订计划及执行计划需要一个较长的过程，尤其是小班的幼儿玩游戏时很容易受环境及眼前的材料的影响而偏离计划。教师要通过让幼儿回忆整个计划及执行过程，逐渐让他们养成有目的、有意图地开展活动的习惯。

　　策略六：做好幼儿活动记录

　　活动区时间如果游戏一切进展良好，那么教师可以在一旁安静地观察幼儿的活动，对游戏情况进行记录，对幼儿语言、社会性交往等各个方面进行评估，以为后期开展有针对性地教育打好基础。

策略七：当幼儿在游戏中发生肢体冲突时，要及时制止，确保幼儿安全

当幼儿在游戏的时候，教师尽量不要随意去打断幼儿的活动。若遇到幼儿冲突或者碰撞情况，要尽可能地鼓励幼儿自己想办法解决。但是，如果幼儿在游戏中因争抢玩具发生肢体冲突，教师要及时制止，将他们拉到确保双方安全的位置，并明确告诉幼儿，"有问题要想办法解决，切不可动手打人"。等他们情绪安静下来以后，请双方讲述自己的想法及行为，教师再复述，让双方都去了解对方的意图，找到矛盾点，然后一起协商出令双方满意的解决方案。

策略八：当幼儿游离游戏时，要寻找自然的机会与幼儿交流

如果发现幼儿不执行计划，游离于集体的游戏之外无所事事时，教师要蹲下身来，安静地靠近幼儿，像同伴一样与幼儿交谈。了解幼儿真实的想法后，教师可通过亲自引导、鼓励邀请同伴、提出建议与想法等多种方式帮助幼儿解决遇到的问题。

如前所述，主体性是我们在角色游戏开展过程中要始终坚持的原则。我们要尽可能地给予幼儿以轻松、自由的氛围，让他们体验真正的游戏快乐。除非必要，不要干涉幼儿的游戏。要尽可能地提供幼儿自主解决问题的平台，让他们通过沟通、协商、交流、碰撞来解决问题。而也正是在这个过程中，他们才能更好地体会他人心理，了解不同人的不同想法。当出现以下情况时，教师要及时介入指导，帮助幼儿解决问题：

游戏中存在不安全的因素或者相互打闹时；幼儿主动找到教师寻求帮助时；游戏中出现了问题，幼儿通过自己的能力无法解决时；幼儿长时间不游戏，四处游荡或者不停地变换区域时；幼儿自己玩自己的，很长时间都没有相互的交流互动时。

三、活动后的指导策略

策略一：幼儿一起讨论解决出现的问题，并制定新的游戏规则

角色区活动结束后，教师要与幼儿一起谈论活动的过程，让他们说说游戏过程中的感受，存在什么问题，然后一起探讨解决问题的方法，需要共同遵守的约定和注意的事情。

当中三班的火锅店热热闹闹地开起来后，很多客人都来捧场，但是却发现没人接待。原来服务员跑到后厨和厨师一起做串儿去了，根本忘记了自己的职责。

客人待了一会儿觉得无聊，都跑到其他区去玩了。发生这样的事情后，在角色区点评时间，来火锅店进餐的客人纷纷就没人接待问题提出自己的不满。于是，教师带领大家一起认识到，每个人都要做自己应该做的事情，这样游戏区才好玩。教师还把每个角色的活动流程、需要用的语言，都以图示的方式张贴在角色区，供大家参考。

案例7　生意太火爆的照相馆

照相馆开馆后小朋友们都很积极，参与的人数越来越多。一到角色区活动时间，照相馆就人员爆满。摄影师忙得一团糟，客人还不满意，嫌等待时间长。

针对这个问题，我在活动区点评环节带领小朋友们一起讨论并共同提出了解决方案：1. 设置等待席位供前来照相的客人休息；2. 照相的场地可以根据顾客的需要来确定，不一定非要在照相馆里，也可以选择任何其他一个地方；3. 设立接待员岗位；4. 提前预约照相时间。这样，既解决了照相馆地方小人多的问题，又培养了幼儿的规则意识，并增加了新的角色。（刘　洋）

策略二：和全班幼儿一起分享游戏过程及经验

如果感觉活动是低水平重复或者游戏中存在某些问题，不妨在进行活动区点评的时候请角色区的幼儿对游戏过程进行复述，并请其他幼儿帮助提供好的创意、新的游戏内容，推动游戏的深入开展。同伴之间经验的分享非常重要。教师可用手机抓拍镜头、记录过程，通过展示和回放，让幼儿能迅速发现自己在游戏过程中存在的问题，也方便利用大家的力量为角色区的幼儿出谋划策。

策略三：请家长配合，帮助幼儿丰富相关生活经验

丰富的生活经验是开展角色游戏的必要基础，所以在幼儿一入幼儿园时就要取得家长的支持，利用一切机会有意识地引导幼儿关注周围的社会生活，积累社会角色的经验，如教师角色、食堂师傅角色、保安角色、园长角色、快递员角色、公交车司机角色、警察角色等。丰富的生活经验能让角色区活动更加丰满，也能启发幼儿形成新的游戏主题与游戏内容。例如，假如幼儿非常热衷于制作和买卖食物，希望进行小吃店的角色游戏，那就可以请家长积极配合。如果去饭店就餐，家长可帮助幼儿熟悉饭店人员角色、每个角色的相关用语、工作内容与流程等，还可以了解饭店菜谱内容、特色菜等。有了这些经验做基础，幼儿进入角

色就会快很多。与此同时，教师还可以通过组织幼儿参观、社会调查或者采访等多种方式帮助幼儿扩展相关经验，不断丰富游戏内容，深化游戏情节。

策略四：提供更多的材料帮助延伸游戏内容

一个好的角色游戏环境绝对不是一成不变的，教师一定要根据情况在区域中加入新的材料，以便激发幼儿新的兴趣，调动幼儿的积极性，促进幼儿尝试新的玩法，引发新的游戏情节。

幼儿是在与环境的互动中活动的。角色区中活动材料的适宜与否决定着游戏的内容、进展，过于简单的游戏材料会使幼儿对游戏的持续性差，兴趣也差。在游戏过程中，教师应密切把握幼儿游戏的状态，并适时投入更多的材料，借助材料拓展游戏内容。例如，在幼儿入园前夕，教师创设了娃娃家角色区，以帮助幼儿实现从家庭到幼儿园的过渡。在创设初期，教师在娃娃家张贴了幼儿的家庭照片，放置了小椅子、小床、衣柜、玩具娃娃、娃娃的衣服、奶瓶等物品。随着幼儿游戏的深入，教师又根据情况依次投入了爷爷的眼镜、报纸，奶奶的菜篮子，爸爸的领带，妈妈的挎包、围裙、高跟鞋、丝巾等，后来又投入了洗衣机、小锅、小铲子、橡皮泥等。新材料重新燃起幼儿游戏的兴趣，之前有一点萧条的娃娃家再次成为他们喜欢的地方，他们甚至为争抢妈妈的围裙争吵起来。因此，我们可以看到，有效发挥游戏材料的隐性作用，能够帮助幼儿自然而然地引发和丰富游戏内容与情节。

策略五：根据幼儿的兴趣点及近期教育目标适时生成新的游戏主题

游戏主题并非一成不变，随着时间的推进，幼儿游戏兴趣点的转移，教师可以生成新的游戏主题。例如，小班的娃娃家游戏开展一个学期了，在这个学期内幼儿学会了当爸爸妈妈，懂得了到别人家做客的一些简单行为规则。在对娃娃家游戏观察的过程中，教师发现，很多幼儿都痴迷于在厨房给娃娃做饭吃，而对给娃娃穿衣服、照顾娃娃等内容不感兴趣。于是，教师根据幼儿的兴趣点，将原来的两个娃娃家调整为一个娃娃家和一个小厨房。小厨房里面提供了丰富的材料，供幼儿做各种好吃的东西，然后把吃的东西拿到娃娃家用来招待客人。这样，游戏主题得以自然延伸与拓展。还有，幼儿在美发造型屋游戏一段时间后，都觉得光打扮并不过瘾，他们经常会自发地在角色区里"臭美"。把握住幼儿的兴趣点后，教师在美发造型的基础上延伸出"走秀"主题。当装扮完成后，幼儿可以尽兴展示。

策略六：创造条件实现多元互动

虽然班级内各个区域之间功能各异，每个区域都有自己独特的价值，但幼儿的生活是整体的，一日生活中的课程是系统的，所以各个区域之间不能相互割裂，应当在课程目标的统筹下实现有机融合，让幼儿可以在区域的环境中自由地互动。中三班的家庭区开展得热火朝天，幼儿可以在家庭区中照料孩子，梳洗打扮后又可以去表演区看表演或者参与表演。中二班的水吧深受幼儿喜欢，活动区时间其他活动区的幼儿玩累了都可以来这里当顾客买水喝，喝水的过程中还可以了解一些健康知识，或者可以去表演区当观众观看表演。打破班级界限的大四班小剧场在幼儿园的多功能厅开业了。幼儿在美工区制作了邀请函，又利用每天的过渡环节一起制订了活动流程。在表演区时间，幼儿会去其他的班级发邀请函，请他们来观看表演，而大四班的幼儿则会当好剧场服务人员，为幼儿介绍文明观看礼仪，这样就又实现了各个班级活动区之间的良性互动。

第四章　角色区活动案例及分析

第一节　小班角色区活动案例及分析

1. 甜品店

范如意　贾　爽

背景

经过一段时间的幼儿园游戏后，原来的娃娃家角色游戏已经不能满足幼儿的需要，于是，我们与幼儿一起商量要创设新的区域。在平时的观察中，我们发现幼儿总喜欢来小厨房洗洗切切，用半成品材料制作东西。我们询问幼儿平时都喜欢做些什么。他们你一言我一语，说出了好多蛋糕的名字。我们又问："你们在哪里见过做蛋糕的人呀?"幼儿有的说在甜品店，有的说在家里。最终，大家共同决定在班里开一家甜品店，让每位小朋友都能吃上美味的甜品。

目标

了解制作甜品的方法；能模仿糕点师，进行食品制作；能学习服务员热情礼貌待客并能介绍自己制作的食品；珍惜食物，学会感恩。

准备

物质材料：厨房操作台，烤箱、电冰箱各一台，各色软陶泥若干，玩陶泥工具(小型擀面杖、塑料小刀、彩陶模具)，甜品店前台桌子1~2张，椅子若干，桌布，各种餐具，此外还有展示柜一个。

经验准备：1. 参观甜品店；2. 家长带幼儿去甜品店购物，观察、了解甜品的制作方法。

过程

活动一：为甜品店开业布置环境、准备材料

为了给幼儿一个具体、直观的印象，促使本班的甜品店准备工作尽快完成，进而使幼儿熟悉甜品的制作方法和服务人员与顾客交谈的内容，我们组织幼儿观看视频，查看图片，用橡皮泥等制作了各种甜品并将其摆在甜品区。很快各项工作准备就绪，就等开业了。我们和幼儿一起商量开业时间，小客人如何购买甜点等内容。他们说："可以制作优惠券。"于是，我们又开始了甜品店优惠券的绘制工作。

分析

虽然小班幼儿年龄小，但是我们也尽可能地让他们参与到角色区创设的整个过程，做力所能及的事情，这样让幼儿感到自己是游戏的主人。

活动二：甜品店开张了

我们的甜品店在大家的关注下终于开张了（图4-1）。小朋友们三三两两来到甜品店。小一小朋友来到工具区选择要用的陶泥，和另一个幼儿在操作台上操作起来。他们把做好的蛋糕摆放在一旁的桌子上面。几天下来，甜品店的蛋糕越来越多。有一次在收区时，幼儿胡乱地将所有东西放在同一个筐里。当第二天开区摆放材料的时候，一个幼儿跑过来对我说，没干的蛋糕粘在一块，蛋糕都不能用了。

分析

幼儿扮成糕点师在厨房制作甜品，几天下来，做了许多蛋糕与饼干。幼儿把甜品堆放在一个塑料筐里，小客人光临时不得不都扎在同一个地方挑选着甜品。幼儿反映，这样游戏太慢了，而且还很乱。我们问他们那该怎么解决。他们说可以制作一个展示台来摆放蛋糕与饼干，这样就能让小客人清楚地看到，而且还不会乱。

图 4-1　甜品店开张了

活动三：拥挤的甜品店

今天的活动区活动开始了，几名幼儿来到角色区的甜品店里。小一围着围裙在厨房里一只手拿着擀面杖，另一只手拿着面团，在桌子上揉着面团，不一会儿就制作出好多蛋糕。他站在甜品店门口大声说："今天我做了好多蛋糕，快来看看啊。"于是，有几个小朋友来到了店里买蛋糕，有的要这个有的要那个，活动开展得很顺利。可是过了一会儿，小一就跑过来对我说："老师，人太多了，我快忙不过来了。"我过去一看，果然小小甜品店里挤满了看蛋糕、选蛋糕的人。

分析

经过一段时间的游戏，幼儿越来越喜欢甜品店了，每天活动区都有许多小客人在甜品店做客。针对这个问题，我们同幼儿分析讨论。有的说把甜品店弄得大一点就可以了，有的说让他们排队购买，有的说店里人太多，可以外带。于是，幼儿开始设计外带甜品的盒子，这样就渐渐解决了人多的问题。

活动四：一个人的游戏

活动区时间到了，娃娃家里来了很多人。几个小朋友都想在娃娃家里当妈妈，也有几个小朋友都想当小厨师。小客人们有的选择坐在餐桌前，等着厨师为他们准备好吃的东西；有的则在卧室里照顾娃娃。有的时候，教师会发现一些幼儿只喜欢在厨房里面默默地制作蛋糕，从来不和小朋友们交流。直到游戏结束时，在餐桌前的幼儿依旧还在餐桌前，在厨房里玩的幼儿还依旧摆弄着手里的彩泥……

分析

单独游戏是3岁幼儿游戏的典型特点，加之我班大部分幼儿都是独生子女，他们从小就少有同龄伙伴，与人交往的机会就更少了，因此，一些幼儿在生活游戏时就会以自我为中心。对于这种情况，教师应尊重幼儿的性格特点，循序渐进地在生活中引导幼儿学习与他人交往、一起游戏，培养幼儿的社会交往能力。

活动五：相同的游戏

甜品店开了一段时间以后，我们发现游戏内容没有新的发展，厨师对做蛋糕的兴趣也在逐渐消退。针对幼儿在游戏中的表现，我们为幼儿及时提供了可以制作水果蛋糕的材料，还向家长求助，请其代为收集废旧蛋糕盒，并在上面贴上水果标记。我们又制作水果图片，以便使幼儿能够将水果图片一一对应插入标记中。制作水果蛋糕的新材料果然吸引了幼儿的注意，他们重新燃起对角色区的兴趣，很专注地开始制作水果蛋糕。

分析

教师调整材料的依据来自于幼儿的需要。新材料的投放激发了幼儿原有的兴趣，丰富的游戏行为便随之产生了。在这个过程中，幼儿游戏时的专注力得到了体现，与幼儿同伴间的交往也增多了。可见，及时调整游戏材料能促进幼儿积极游戏，并产生新的交往行为。

活动六：杂乱的甜品屋

早晨，我们早早地给幼儿准备好了开区的材料，等待着小朋友们快乐地游戏。随着进区的音乐响起，幼儿欢快地走进活动区，选择自己喜欢的玩具。幼儿在甜品店里忙得不亦乐乎。不知不觉到了收玩具的时间。我们一边提醒幼儿把玩具拆开放回筐里，一边习惯性地环视四周，看看有没有掉在地上的玩具。果然，在靠近椅子的地方静静躺着一些玩具，三四个幼儿从它身边走过，都没有发现它。又一个幼儿走过来，虽然他看见了玩具，可是他一边瞧了瞧，一边漠然地从玩具旁边走过。又一个幼儿走过来，他一眼就看见了玩具，很有兴趣地冲着它踢了一脚，接着头也不回地向洗手间走去。

分析

幼儿随手把材料堆放在一起而没有按类摆放的原因是什么？没有时间，没有整理的意识？缺乏整理的能力？急于下一个环节的活动？带着这些疑问，我们倾听幼儿的想法，并采取了一些措施：在活动结束时，教师作为游戏的参与者带领幼儿整理材料；在每次整理材料时注意用语言描述自己的整理方法，让幼儿模仿、学习；给幼儿分工，让幼儿各自整理一部分材料，从而缩短整理时间，不耽误他们参与下一个环节的活动。这些都是可以尝试的指导方法。教师要让幼儿在模仿中学习，在坚持中培养习惯。教师在游戏中要给他们以有力的支持，相信他们能做好力所能及的事情。

2. 小厨房

田　甜　李依纯

背景

上学期班级创设的娃娃家角色区深受幼儿的喜爱，幼儿在照顾娃娃的过程中感受到照顾别人的快乐，也加深了对家庭中爸爸妈妈等角色的了解。近期为提升幼儿游戏兴趣，我们在娃娃家投放了一些小碗、小盘子、小勺子，还配置了一个灶台。幼儿开心极了，一到角色区时间有的忙着到灶台去做食物，有的忙着洗碗、烧菜，有的忙着在桌子上摆放餐具。捕捉到幼儿的兴趣点后，我们决定在娃娃家旁边另开辟一个小厨房角色区，实现娃娃家与小厨房的互动，以及小厨房与其他区域之间的互动。

目标

让幼儿尝试扮演厨师、客人的角色，扩展幼儿对小厨房角色的认知；让幼儿尝试运用超轻黏土、彩纸、棉球等美工材料进行游戏，发展创造性思维；让幼儿在取放和收拾整理材料时，学会物品的简单分类；让幼儿体验为别人服务、制作美食的快乐。

过程

活动一：一起布置小厨房

为了解幼儿的兴趣与需要，我们和小朋友们一起讨论、描述自己心目中小厨房的样子。在交流当中，小朋友们一个个都热情高涨，积极发言。东宝说："我希望我们的小厨房是'大大'的！"亮亮说："就像我家的厨房一样的！"薇拉说："我希望能有好多好多的好吃的！"说到吃的，小朋友们讨论得更加热烈了。有的说："我希望可以做饼干吃！"还有的说："我希望能做比萨！"大家都争先恐后地说着。虽然小厨房还没开始建设，但幼儿对小厨房都有着无限的期望。

为了实现幼儿的想法，在我们的发动下，幼儿从家中带来了许多不用的餐具，以及饼干、比萨的美食图片。教师为幼儿投放成品与半成品的材料，如布类玩具、超轻黏土、彩色纸、皱纹纸等。在大家的共同努力下，我们的小厨房在娃娃家旁布置完成。幼儿看到新投放的材料后，都非常兴奋，跃跃欲试（图 4-2）。

分析

小班的幼儿刚来到幼儿园，陌生的环境和陌生的教师、小朋友，给他们带来了太多的不安全感。随着娃娃家游戏的开展，幼儿开始感受到轻松、温馨的游戏氛围。幼儿进入下学期后，他们在游戏中的兴趣点也随之改变。小厨房游戏贴近幼儿生活，趣味性强，能让幼儿迅速进入角色。

在整个讨论过程中，幼儿的参与性很强，对小厨房的建设都有自己的设想。在充分听取小朋友们的意见后，我们开始着手小厨房的布置，尽量实现小朋友们的想法。我们将饼干、比萨的美食图片帖在墙上；我们请家长为班级提供家中不用的厨房用具；我们还准备了皱纹纸、超轻黏土等材料。

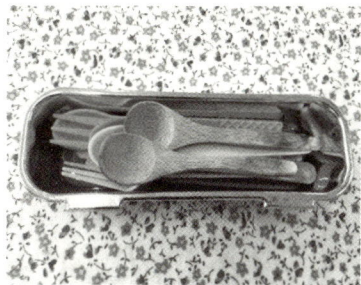

图 4-2　小厨房用具

活动二：我们怎样来分工

游戏开始了。一一和东宝都来到了小厨房，选择当小厨师（图 4-3）。他们各自拿起超轻黏土，自顾自地做了起来。这时，我走到一一身边，问："小厨师，你在做什么呢？"一一说："我在做面条呢。"我又走到东宝身边，问："小厨师，你在做什么呢？"东宝低着头边做边回答："我在做面条啊！"我很惊讶对着他们说："哦？原来你们两个人都在做面条啊？"两个人听到后互相看了看，笑了起来。我对他们说："我来你们家做客，我想吃点面条，可以吗？"一一和东宝都说："可以呀！"我揉了揉肚子沮丧地说："我肚子好饿啊，想要早点吃上面条，可以吗？"一一说："可以！"一一转向东宝说："东宝，我们快点做吧！"东宝点点头。不一会儿他们就端着面条来到了我的面前，对我说："面条做好啦！"我看着刚出锅的面条，马上品尝起来。他们两人站在我的面前看着我品尝。我一边品尝一边称赞："两个人就是快、就是好。味道也不错！"

分析

一一和东宝虽然扮演的都是小厨师角色，但是都在单独游戏，两个人之间没有交流。这体现了小班幼儿以平行游戏为主的游戏特点。教师可以鼓励、支持幼儿之间的交流行为，使幼儿体验到与同伴交流、游戏的乐趣。在评价环节，我请一一和东宝说一说两个人一起制作面条的感受，两个人都说玩得很高兴。教师可多鼓励幼儿主动邀请小朋友一起游戏，交流游戏中的想法和感受，促进他们的友好交往，激发他们共同游戏的愿望。

图 4-3　忙碌的厨师

活动三：快来品尝我的美食

随着小厨房游戏的开展，越来越多的幼儿来到小厨房制作好吃的。今天东宝、锐锐和小小都来到了小厨房。他们都拿起超轻黏土做了起来，有的在做饼干，有的在做比萨。经过三位小朋友的努力，不一会儿他们的美食就完成了。他们将做好的食物摆放到桌子上，但是他们却站在那里，你看看我，我看看你。这时我走过来，正好被所做的食物吸引了，问道："这些都是你们做的吗？"三位小朋友笑呵呵地点头说："是！是！"我看着美食说："哇，好丰盛啊！那我可以品尝一下吗？"他们高兴地说："可以呀！"我便开始津津有味地品尝起来，一边吃着一边称赞道："手艺真不错！我的肚子吃饱了，你们还想邀请谁呢？"这时听见锐锐说："可以邀请娃娃家的小朋友。""嗯，娃娃家的宝宝和爸爸妈妈不知道有没有吃饭呢，你们快去问问吧。"锐锐来到娃娃家对蛋蛋说："我们小厨房做好饭了，快来品尝吧。""好的。"锐锐邀请了蛋蛋到小厨房品尝，东宝和小小也邀请了娃娃家的其他小朋友。看着客人们品尝自己的美食，他们三个人特别高兴（图 4-4）。

分析

小厨房角色游戏的开展已有了一段时间，幼儿对食物的制作越来越熟练，但食物被做完后却缺少客人来品尝。这时教师扮演客人来品尝，他们的情绪自然都很高涨，自信心也明显增强了。

为帮助幼儿更好地完成游戏，教师可以在评价环节启发幼儿思考："我们的食物还能请谁来品尝？"幼儿纷纷参与讨论。有的说："请老师来。"还有的说："请娃娃家的小朋友。"为了让幼儿更好地了解游戏规则，教师可以提问："如果我今天打算去表演区表演，我的节目表演完后，可以来小厨房做客吗？"幼儿都点头说："可以。"为了使幼儿有更浓厚的兴趣来参与，角色意识更强，我们将厨师帽、围裙等材料投放到小厨房，还请在其他区域活动完的幼儿主动到小厨房做客。

图 4-4　招待顾客

活动四：大家一起来制作

今天角色区游戏一开始，锐锐和有有就来到了小厨房。有有拿着炒菜锅和勺子在炒菜。锐锐在旁边看着。他看了许久说："给我炒一会儿，好吗？"有有将玩具递给了锐锐，这下锐锐可起劲了："炒炒，炒萝卜，我喜欢吃萝卜。"过一会儿，娃娃家的"妈妈"（妞妞）来到了小厨房，对锐锐说："给我煮点面条吃吧，我的小宝宝想吃面条了。"可是锐锐装作没听见，一边继续炒萝卜一边嘴里仍旧嘀咕着。有有看了一会儿锐锐，开始着急起来："锐锐，你做了很长时间了，该我来了，我做得最好吃。"锐锐可不让："你去做别的，我会炒菜，我的菜也很好吃的。"这时"妈妈"也着急了："我的面条好了没有啊？"见几个人商量不成，马上要起冲突了，我马上以"奶奶"的身份加入游戏："锐锐，你的菜做好了吗？我可以品尝吗？"锐锐回头说："好的，马上好了。"我又再去引导有有为"妈妈"做面条吃，大家这才忙了起来。没过一会儿，我品尝到了锐锐的炒萝卜，而"妈妈"也如愿地喂宝宝吃上了面条（图 4-5）。

分析

幼儿对小厨房的游戏已经比较了解了。最近教师又发现幼儿开始迷恋上炒菜。小班的幼儿善于模仿，对于日常生活中爸爸妈妈经常做的事情很感兴趣。当有有在炒菜时，锐锐也想去，导致争抢玩具的事情发生。娃娃家的"妈妈"来做客，说想要吃面条，但是小厨房的厨师们都是自顾自地炒菜，没有人理会"妈妈"。这就说明小厨师对自己的工作职责还不明确，需要教师继续帮助他们明确自己的工作职责。

我们拍了一些美食照片布置在小厨房，让幼儿看了后，不断尝试新的游戏内容。同时我们利用评价环节进行小厨房游戏的模拟，让幼儿能在观看、讨论、尝试过程中积累经验，并在小厨房游戏中学会用礼貌用语招待客人。

图 4-5　喂宝宝吃饭

活动五：我的新品美食

今天有有早早地来到了小厨房，戴上了厨师帽，并且还照了照镜子，美滋滋地笑了笑。她拿起了超轻黏土和案板找到一个位置坐下，开始制作起食物来。她抬头看了看墙上贴的食物图片，低下头继续做着。这时，我坐到她的身边问道："有有小厨师，你今天打算做点什么？我想来品尝一下！"有有一边做一边说："我想做面条。"只见她拿起超轻黏土开始一条条地搓起来。"啊，今天吃面条，在小厨房我还没有吃过呢！"等了一会儿，有有把搓好的面条放到我的面前，说："好了，吃吧！"我抬头问她："面条熟了吗？""哎呦，我忘了煮了！"说完，她把盘子拿起，把面条放到锅里"煮了煮"，煮熟后放到了我的面前，看着我品尝起来(图 4-6)。

图 4-6　新品美食

分析

小厨房游戏吸引着越来越多的幼儿，他们都愿意扮演小厨师为他人做饭。在看到他人品尝饭食的时候，幼儿有了成功的体验，也有了很强的成就感。有有今天制作了面条，与之前幼儿制作的饼干和比萨都不同，作为教师应该支持她实现自己的想法。

在评价环节我请有有端着自己制作的面条在幼儿前展示。我鼓励幼儿要像有有一样制作出更多不同的食物，这样品尝的人也会越来越多。我启发幼儿："还可以做什么食物?"有的幼儿说炒菜，有的说饺子，有的说包子，有的说甜甜圈，还有的说薯条。教师将幼儿所说的答案一一做了记录，并将相关食物的图片打印出来粘贴在墙上。对于那些源自生活经验，贴近生活实际的游戏内容，幼儿都非常感兴趣。

3. 娃娃家

袁丽丽　张向荣

背景

刚入园的小班幼儿，由于年龄小、情绪波动大，对周围陌生的环境有种恐惧感。为缓解幼儿的分离焦虑，我们创设了娃娃家角色区。为让幼儿能够真实体验家的温馨与舒适，我们在娃娃家卧室的小床上准备了被子和小枕头，还有漂亮的娃娃，床头摆放着电话，厨房里挂着围裙，又摆放了锅碗瓢盆。这些真实的生活材料激发了幼儿的游戏欲望，使娃娃家成为班中最热闹的一个区域。通过创设温馨的家庭氛围，幼儿逐渐适应了幼儿园的集体生活，慢慢将自己的情感依恋从家人转移到教师、同伴和幼儿园上。

目标

能乐意扮演角色和小朋友一起玩，喜欢集体游戏；在游戏中能模仿家庭成员的语言、行为、动作，体验参与角色游戏的快乐；能学会使用简单礼貌用语招待客人；了解各种角色游戏的简单规则，能在教师的提示下遵守游戏规则。

过程

活动一：一起布置娃娃家

新的学期开始了，幼儿要走出家庭，适应一个陌生的集体环境，他们的焦虑感因而大增。为此，我们创设了娃娃家角色区，并准备了小床、娃娃、小衣服、电话等物品。为让幼儿更加喜欢、熟悉这个环境，在幼儿来园的第一天我们就同家长和幼儿说，可带一些幼儿喜欢的家庭用品放到娃娃家。第二天幼儿拿着自己喜欢的物品入园，女孩子抱着各种不同的娃娃，男孩子则拿着小汽车或枪。当家长离开时，幼儿会到角色区找到自己熟悉的物品玩，他们的情绪随之也会慢慢好转起来。

分析

幼儿离开了熟悉的环境，来到了一个陌生的环境，吃、住、行与家里的都不一样。例如，饮食与家里的不一致，睡觉的小床发生了变化，活动的自由度受到了限制等。这些变化都让幼儿产生焦虑和不安，思念家人的情感油然而生，于是他们会流露出哭闹、厌食、悲伤等情绪。

充分利用娃娃家创设的环境、摆放的材料以及通过教师的指导都能帮助幼儿减轻分离焦虑，让幼儿在娃娃家快乐的游戏中得到发展。我们除了为他们提供基本材料，如娃娃、小床、储物柜、桌子、椅子、操作台、餐具、炊具等物品之外，还在家长的帮助下收集了一些幼儿在家中常见的物品容器充实到娃娃家。同时，桌上摆设一些盆景，墙上再挂上一些幼儿及家人的照片等，这样不仅会增添幼儿游戏的兴趣，还会使娃娃家更有家的气氛。温馨、舒适的娃娃家使刚入园的幼儿在这里感到轻松愉快，具有了归属感。

活动二：我把玩具送回家

娃娃家里迎来很多的小朋友，他们扮演成自己喜欢的角色，开始进入了游戏。蛋蛋拿起一个头饰挂在脖子上，然后把自己喜欢的东西全都放在桌子上，直到桌子上没地儿摆放为止，接着坐在椅子上开始吃东西了，吃完后又去抱着娃娃玩，在娃娃家里走来走去。这时乐乐又把切水果的玩具刀拿出来开始不停地切水果，切完后再粘在一起，然后接着再切，就这样不停地摆弄玩具。活动区结束的音乐声响起来了，娃娃家的小朋友放下手里的玩具就离开。每到这时候，娃娃家里的小朋友都不能按标志收放玩具。有的把玩具堆在一起就走了，还有的小朋友连玩具都不收就走了，结果漂亮的娃娃家变得一片狼藉（图 4-7）。

图 4-7　我会收拾娃娃家玩具

分析

小班幼儿虽然对材料很感兴趣，但只满足于无意识地操作摆弄。为此，我们要给幼儿留有一段时间，让其探索、交流娃娃家中材料的使用方法。小班幼儿年龄较小，自控能力差，所以对材料认识得不足，缺乏整理物品的技能。考虑到小班幼儿的学习是以具体形象思维为主，教师可以将正确收放玩具的视频在区域游戏结束前播放给班级幼儿，帮助幼儿了解一下游戏常规，并通过提问，如"哥哥、姐姐是怎样把玩具送回家的"，让幼儿参与到游戏规则的制定中来。教师还可以用拟人化的口吻说："玩具在外面玩久了也会想家，我们要把玩具送回家，不然玩具会伤心的。"这样就可以引导幼儿整理好游戏材料。

活动三：娃娃家里来了新玩具

活动区的时间到了，幼儿还像往常一样各自玩着自己喜欢的玩具，做着自己喜欢的事情。欣欣拿着手里的玩具说："这个玩具太没意思了，不好玩了。"看着欣欣样子，我问她："欣欣你为什么不高兴呢？""我觉得这些玩具都没意思了，我都长大了，不应该玩这些幼稚的玩具了。""幼稚"，她居然说出这个词，我很惊讶。我接着问："那你喜欢玩什么样的玩具呢？""妈妈做饭的时候，锅里可以放好多东西的，这个锅里都不能放我想吃的东西。还有妈妈的衣服中有很多漂亮的裙子，这里都没有我喜欢的衣服。"活动区活动结束的时候，我与幼儿讨论："娃娃家里，你们最喜欢扮演谁？爸爸妈妈、爷爷奶奶在家里都做什么事情呢？你们想添加什么样的材料呢？"听完我说的话，幼儿你一言、我一语地开始说起来了。

第二天，幼儿带来了一些自己喜欢的材料，包括妈妈的衣服、包包、眼镜，奶奶的围裙，爸爸的电话、领带等。活动区活动时间开始，幼儿非常开心，拿着这些新材料快乐地投入到游戏中（图4-8、图4-9）。

图4-8　娃娃家通信工具

图4-9　娃娃家锅具

分析

在学期初期娃娃家投放了一些玩具。随着时间的推移，教师更加应该考虑幼儿的年龄特点、经验、能力和需要，提供相适应的材料，激发幼儿活动的愿望。于是我们与幼儿进行讨论，与家长也做到及时的沟通，希望家长能够提供一些不用的家用电器、通信工具以及厨具、餐具等，丰富娃娃家的材料。

在班内，每个幼儿的能力、兴趣、认知水平都不一样。教师要根据不同幼儿的特点，为他们提供适宜的游戏材料。活动区中的欣欣是一名动手能力较强的幼儿，因此，对于娃娃家投放的一些玩具感到没意思。于是，我们对娃娃家的游戏材料进行了调整，提供了许多家庭生活的真实用品。教师在材料选择和投放上，一定要依据幼儿的实际发展水平，不断把一些幼儿喜欢的、操作性强的材料投放到娃娃家。教师要为幼儿提供半成品材料，如饺子皮、馄饨皮、超轻黏土、纸条等。幼儿通过动手操作这些材料才能完成一个成品，这就激发了幼儿的兴趣，满足了不同能力水平的幼儿的游戏需要，也为幼儿提供了选择游戏材料的机会，让幼儿在区域活动中玩出自信、玩出乐趣、玩出创意。

活动四：娃娃家多了新的角色

小班幼儿进入下学期后，娃娃家现有角色不能满足他们的需求。需要加入哪些新的角色，成为我们与班级幼儿共同面临的问题。我们首先提出了问题："自己家里都有什么人？他们在家里做什么事情？你特别想模仿家中的谁？"通过谈话交流，幼儿说出了很多他们喜欢模仿、操作的事情。"在家里我生病的时候，妈妈会带着我去医院看病，我们的娃娃家没有医生，我想扮演医生给娃娃看病。""我想帮助娃娃洗衣服，可是娃娃家里没有洗衣机，我不想用手洗衣服。""我想收快递，因为妈妈在家里总是在网上买东西，收到快递打开箱子里面会有好多好玩的东西。"我对这个幼儿说："可是谁来扮演快递员呢？"听到我的话，妮妮忙着说："我可以扮演快递员，我觉得快递员可以到处走，挺好玩的。"其他小朋友也跟着说："我也想当快递员。"听取了幼儿的意见后，我们在娃娃家投放了各种角色的衣服、标牌等物品。之后，我们又与幼儿沟通，商量新投放的材料可以怎么玩(图 4-10)。

这天，游戏的时间到了。阳阳来到娃娃家，高兴地拿起妈妈的挂饰，挂在自己的脖子上，说："今天我要当妈妈了。"亮亮扮演爸爸，他对娃娃家的妈妈说："妈妈，今天我要给宝宝买三件新衣服。"妈妈说："可是你去哪里买衣服呢？"亮亮爸爸开心地说："哎呀，一会儿我去淘宝网上买就可以了。"站在一旁的我被亮亮的话吸引住了，我轻轻地走了过去，静静地看着亮亮。亮亮走到电脑桌旁，拉开椅子坐了上去，然后打开电脑开关，等了一会儿，在键盘上敲打着，随后用鼠标开始点啊点，一边点还一边不停地说："就这个吧！还挺好看的。"之后亮亮走到卧室对妈妈说："我把宝宝的衣服买好了，别忘了接快递的电话，我去上班了啊。"亮亮拿起包包就走了。我顺应情境扮演成快递员的角色进入他们的游戏中。"当当，有人吗？我是送快递的工作人员。"妈妈急急忙忙来给我开门了，笑着说："呀！这么快呀。谢谢你。""请您签收一下吧！"妈妈收了快递，把箱子放在桌子上就着急地打开箱子，开始看里面的东西了，一件衣服、两件衣服、三件衣服……妈妈开心地笑了（图4-11）。

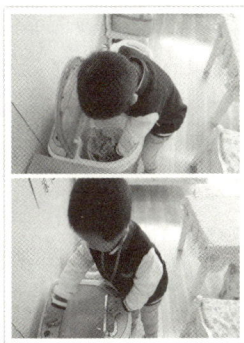

图 4-10 给宝宝洗衣服

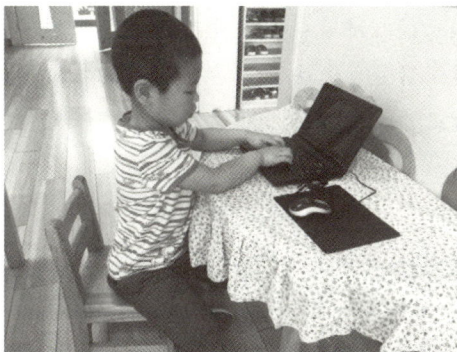

图 4-11 爸爸网上购物

分析

从幼儿的游戏情况看，幼儿角色意识越来越强，而且能够反映生活中非常多的内容，包括非常流行的淘宝网购物等。由于在游戏中自然地引发出快递员的角色，我见状就扮演成快递员快速介入游戏，推动游戏继续进行。幼儿在快乐的游戏中获得身心的健康发展。

4. 爱心面包店

周金硕 王玥琳 闻 静

背景

进入小班下学期后，幼儿喜欢给娃娃家的宝宝做饭吃。教师经常可以看见他们用橡皮泥等做成各种面包喂给娃娃吃，有时他们还会假装告诉我们："老师，我在给娃娃吃三明治！"这时就有小朋友说："你拿的不是三明治，而是面包片！"

幼儿十分喜欢动手制作各类面包，也非常渴望有更多种类的道具用来游戏。为满足幼儿给娃娃做面包的心愿，也为了扩展娃娃家游戏，我们开辟空间，在娃娃家旁边开了一家面包店。因为我们这个面包店不以盈利为目的，而是充满爱心，服务于大家，所以起名为爱心面包店。

目标

让幼儿了解面包师、点餐员、服务员的不同，培养幼儿角色意识；让幼儿尝试通过与同伴交流来解决问题；让幼儿学习招待客人的简单语言和动作；让幼儿学会使用多种材料创造性地制作食物。

准备

物质准备：超轻黏土以及各种和面包店相关的道具。

知识经验准备：给幼儿展示面包店的图片，使幼儿初步了解面包店的组成结构；请家长带幼儿去面包店参观、购物，了解面包店的点餐员、服务员、面包师的各自工作。

过程

活动一：爱心面包店的筹备

面包店就要开业了，但是食谱还没有定下来，于是在一次过渡环节中，我们带领幼儿一起讨论食谱内容，看看幼儿都了解哪些种类的面包。幼儿说出了很多，最后我们拟定了食谱，包括了面包片、三明治、草莓面包、黄油面包、比萨等食物。

定好食谱后很快进入到材料的筹备阶段。班级中已有的一些面包道具可以当作样品展示给客人看，但是不能卖给客人吃，真正卖给客人吃的东西需要用橡皮泥以及超轻黏土等材料制作。我们和幼儿从艺术区收集了很多超轻黏土，装到了一个筐里，又将使用的盘子和碗也按照分类进行了整理。很快建立面包店的所需制作材料、餐具等全部到位(图 4-12、图 4-13)。

图 4-12　面包店食材

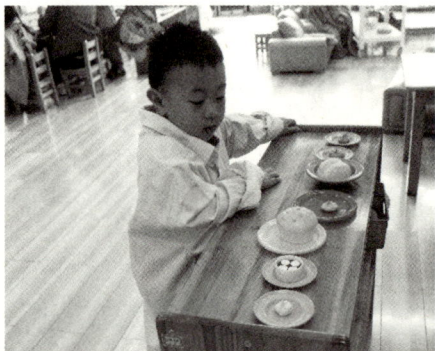

图 4-13　面包师

爱心面包店准备完全后我们又请家长找时间带幼儿到真正的面包店看看，实地了解一下环境、材料以及工作人员的工作情况，帮助幼儿丰富相关经验。

活动二：忙不过来的面包师

面包店的落成，让幼儿兴致高涨。随着游戏的进行，也有许多问题暴露了出来。今天来到面包店点餐的客人很多，排在第一个的是妍妍，第二个是丫丫，第三个是优优。这时我突然听到了客人与点餐员的对话声。点餐员诺诺说："你等一会儿吧，面包还没好。"妍妍不开心地说："可是我已经等了好久了。"第一个问题出现了，面包店点餐的人太多，厨师忙不过来。因为面包店的面包都是使用超轻黏土现做的，所以当很多人来点餐的时候有些供不应求。于是我和工作人员一起讨论，是否有办法可以解决这个问题。幼儿想了想说："我们可以提前做出来啊。"大家纷纷赞同。于是幼儿利用没有客人来点餐的时间制作出了许多面包，等客人上门后再继续加工烤热。

活动三：增加外带材料

面包店的生意越来越好，工作效率也越来越高，但是又出现了一个问题。有很多客人想要将面包打包带走，但是面包店没有合适的食品包装盒。针对这个问题大家一起进行了讨论。瓜瓜提议："咱们在班里找找有没有可以用的小盒子。"于是大家开始寻找，很快发现了美工区有很多以前装超轻黏土的盒子。幼儿对我说："老师，这个盒子可以装面包。"我微笑地点着头。在艺术区幼儿又找到了很多小盒子，都将其拿到了面包店当起了打包盒（图4-14）。

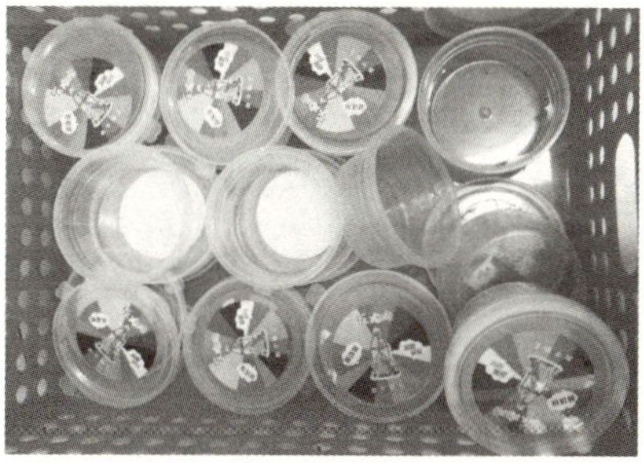

图 4-14 打包盒

活动四：越来越丰富的甜品

面包店开张已经很久了，幼儿开始有更多的需求。有一天，天天告诉我："老师，我们家昨天晚上吃的比萨，可好吃了！我能不能也给娃娃做比萨？"我愉快地告诉他："当然可以了！"天天有些羞涩地告诉我："可是我不会做怎么办？"我问道："昨天吃的比萨上边有什么？"天天回忆起来："有芝士、香肠、青椒、大虾。"同时我也请其他小朋友帮忙，谁会做比萨，就可以和天天一起来做。活动区活动结束后，我展示了天天的比萨，并且与幼儿讨论："除了现在面包店里已有的食物，你们还想添加哪些食物呢？"幼儿纷纷说出自己还想添加的食物名称。我们还约定好，以后想到什么好吃的，都可以及时加到食谱上边去，厨师可根据步骤图进行制作。

活动五：角色混乱

幼儿越来越喜欢来面包店玩，但是随之产生了新问题。客人上门了，却没有人接待，工作人员全都在厨房忙着。这时在门外的客人等不及了跑来找我："老师，面包店里的人都不理我，我要买面包。"我走过去一看，发现大家都在里边忙，于是我给面包店准备了个铃铛，请上门来的客人摇一摇铃铛，这样服务人员听到声音就可以及时招待客人了。

活动区活动结束后，我还在网上找了一小段比较具有代表性的视频，请小朋友们观察在现实生活中面包店是怎样经营的。幼儿看得都很认真，看完后争先恐后地向我汇报。浩浩说："门口的阿姨说，'您好，请问您想买点什么？'"当当说："然后里边的阿姨还说，'您的面包好了'；还对厨师说，'再做两个三明治。'"小朋友们把每个角色说的话都记得很清楚。我请他们自己回答，说"您好"的阿姨是什么角色。幼儿说："应该是点餐员吧。"我又问："那说'您的面包好了'和'再做两个三明治'的那个阿姨是什么角色啊？"幼儿说："是送餐员！"我笑着点了点头继续问："那一直在里边做面包没出来也没怎么说话的人是谁啊？"幼儿这次异口同声地说："是厨师！"之后我请了几个小朋友穿游戏服装扮作刚才看到的面包店人员进行表演，以此提示他们需要做的事，强化他们的角色意识。

分析

第一，内容源于生活，经验丰富游戏。小班幼儿虽然都有吃面包、买面包的经验，但是角色感不是很强，角色关系不是很清楚，游戏中比较容易跟随他人，看别人做什么自己就去做什么。教师通过带领幼儿观看视频，请家长带领幼儿参观面包店、制作角色胸卡、穿角色服装等方式帮助幼儿丰富游戏经验，认识角色，了解角色。

第二，有效解决问题，推进游戏开展。新落成的区域得到了众多幼儿的喜爱，成了班级中最热闹的区域。伴随而来的问题就是，客人太多，厨师忙不过来，造成了游戏的混乱。对此，我们和幼儿共同想出办法，利用没有客人上门的时间来制作半成品面包，这样无形之中增加了幼儿任务感和角色感的意识。面对客人提出想要买面包回家，但是没有包装盒的情况，我们不断想办法提供相关材料，满足幼儿的游戏需求。当客人吃面包觉得口很干但是却没有饮品时，我们又将饮品引进到游戏中来，增加了饮品选项，丰富了游戏内容，扩展了游戏深度与广度。在游戏中，教师可以作为发问者，把幼儿游戏中的问题总结出来，让幼儿参与讨论，尝试共同解决问题，并相应调整游戏的规则，使得幼儿更加自主、愉快的游戏。

第二节　中班角色区活动案例及分析

1. 我们的娃娃家

刘　洋

背景

娃娃家不仅深受小班幼儿的喜爱，也同样深受中班幼儿的喜爱。中班的小朋友喜欢在这个区域扮演自己的家人。角色扮演的游戏，能够促进幼儿身心各方面的发展。在模仿他人的过程中，幼儿认识和理解了人与人之间的关系，并学会理解他人，尊重、接纳他人的意见。如何创造一个适宜中班幼儿发展水平，能深受幼儿喜欢，同时又能促进幼儿自主学习和交往的娃娃家，成为很困扰教师们的问题。

目标

扩展幼儿对家庭角色的理解和认识；提高幼儿的交往能力和解决问题的能力；促使幼儿愿意接受同伴的建议和意见；发展幼儿的同情心，使其学会换位思考以感受他人的情绪情感。

过程

活动一：布置我们的娃娃家

我们在小班的时候，就开展过娃娃家的游戏。幼儿非常喜欢在娃娃家里面玩，模仿爸爸，学当妈妈，玩得不亦乐乎。现在到了中班，幼儿对娃娃家的热情依然不减。为丰富他们的经验，我组织了一次谈话活动，分享幼儿对于家庭角色的认知经验。豆豆说："老师，我觉得我穿上妈妈的衣服，就会很像我的妈妈。我的妈妈会穿上非常美丽的衣服送我到幼儿园。"钱钱说："妈妈总做饼干给我和弟弟吃。"南南说："我的妈妈每个周末都带我出去玩。"小白说："我想我应该拿一个手机打电话，有一双好看的高跟鞋，还有漂亮的裙子和让人漂亮的化妆品，那才是妈妈。妈妈每一次出门之前都会把自己打扮得很美丽。"接着，我又问一个问题："小朋友们，你们的家里都有什么呢？"幼儿争先恐后地举手告诉我。康康说："我家有沙发。"金金说："手机、电饭煲、椅子。"一一说："还有书房，里面有书桌和很多书。"我听着幼儿的话，点头微笑，用眼神给予他们肯定，并把他们所说的都记录下来。

我很快就将幼儿的想法和想要开一个娃娃家的计划告知了家长们。在家长的支持下，娃娃家经过紧锣密鼓的筹备，终于诞生了。在娃娃家里，幼儿喜欢的毛绒玩具、靠垫等物品营造出了温馨的氛围。娃娃家准备了幼儿家中常见的物品：电话、时钟、工具盒、儿童尺寸的软椅、扫把、簸箕等。娃娃家还有用于角色扮演的游戏材料，如爸爸妈妈的衣服和鞋子、婴儿床、医生护士的衣服、娃娃玩具、围嘴、奶瓶等。

分析

娃娃家的材料投放是游戏的最重要的环节，因为材料的投放有助于幼儿自主自发地游戏，并能给予幼儿更多探究和发展的空间。在娃娃家的筹备过程中，我和幼儿一起商议，最后听取了他们的意见，将他们在家中经常能见到的材料，尽可能地投放到娃娃家中，这样有利于幼儿将自己在家庭中的生活经验带进娃娃家的游戏中来。娃娃家中各种各样的成人衣服，既满足了幼儿模仿父母的极大愿望，同时扩展了幼儿对家庭角色的理解和认识。

活动二：娃娃家里的"三个妈妈"

自从班里有了娃娃家，每天都有很多小朋友来到娃娃家。在角色分配过程中幼儿会发生争抢，容易出现几个小朋友都要当爸爸或者妈妈，或者一个家里出现三个爷爷或者奶奶的情况。对此，我在活动区评价的时候和全班的小朋友说："今天，老师在娃娃家看到了一个奇怪的现象，一下子出现了三个妈妈的角色，而宝宝只有一个，小朋友你们说怎么办啊？"幼儿听到我的话，先是笑了起来，随后便纷纷回答我的问题。豆豆说："老师，我们可以让这三个妈妈都有自己的宝宝，可以找自己的好朋友去做宝宝。"我点头给予肯定。悦悦说："老师，我们可以请这三个妈妈中的两个去当其他的角色。"幼儿各自说出了自己的解决办法。最后我也表达了我的建议："一个家庭里有一个妈妈，这是每个小朋友都知道的，但是小朋友你们的奶奶也是爸爸的妈妈，对吗？所以如果两个小朋友都想做妈妈时，可以有一个人转做奶奶。此外，我们可以试试豆豆小朋友的办法，三个妈妈三个宝宝，其中两对妈妈和宝宝是来这里做客的，老师相信你们都有去过自己的好朋友家做客的经历。"第二天我又观察娃娃家的小朋友游戏，一个角色多人扮演的现象不再出现了。幼儿开始思考自己在平时生活中见到的情景，并将这些情景与游戏联系起来。

分析

幼儿喜欢娃娃家，是因为在娃娃家，幼儿可以尽情地表现自己，去模仿自己的家人。我见过一个小朋友非常依赖爷爷，他就总会在娃娃家里选择爷爷的角色，将生活中爷爷为他做的很多事情都再现出来。这种现象表明幼儿是将自己在生活中的经验转化成游戏。通过角色扮演，幼儿会体会到当家长的不容易。娃娃家出现一个角色多人扮演的问题，其实是幼儿对生活中的角色理解不够的表现。对此，我选择用谈话的方式，帮助幼儿回忆自己在生活中的经验，让幼儿学会听取同伴的建议和意见，并将经验投射到游戏中，最终解决了角色争抢的问题。

活动三：爸爸打宝宝了

有一天，我观察到娃娃家里有一个爸爸在用小手打玩具宝宝的屁股，打着的时候还在说："你怎么那么淘气啊，打你一下，让你知道这样做是不对的。一会儿，我要和你讲讲道理，告诉你应该怎么做。"之后这个爸爸就拿着包和手机出门了，宝宝被扔在娃娃家的小沙发上。随后妈妈把宝宝抱到怀里，温柔地摸摸宝宝的头，和宝宝说："爸爸打疼你没有？以后一定要乖。"妈妈开始给他讲故事，让他看图书。这位做爸爸的小朋友，经常来娃娃家玩，但是他每一次和自己宝宝发生冲突，都会选择用暴力来解决。有一次，是一个小朋友做他的宝宝。他对宝宝说："我们今天不能去图书馆看书了，因为爸爸要上班，所以，明天我们再去图书馆。"但是做宝宝的那个小朋友说："不行啊，我今天就要去，我就要去。"爸爸反复和他说，可是怎么说都说不通，爸爸就举起小手，要打宝宝。

于是，我在区域游戏结束之后，私下找了这位爸爸。我说："这么帅气的爸爸今天为什么要打宝宝呢？"他睁大眼睛看我说："我和他说了很多次，他还是犯同样的错误，我觉得说了也没有用了。"见到这种情况，我意识到，这个问题出现在幼儿的父母那里，他的行为是模仿的结果。当天我就和这个小朋友的爸爸联系，知道了原来小朋友看过一个电视剧，里面的情景就是爸爸打孩子，所以他记住了。这位家长晚上也和这位扮演爸爸的小朋友交流沟通，之后他再也没有出现过打宝宝的情况(图 4-15)。

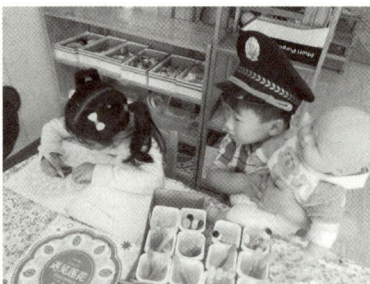

图 4-15　警察爸爸看护宝宝

分析

角色游戏是幼儿对所见所闻所经历过的事情的一种再现。当教师发现幼儿出现了过激行为时，要加以重视，及时与家长交流沟通，寻找问题的来源。在幼儿游戏过程中，若出现了不正确的做法的时候，教师应该理解幼儿的想法和做法，保护幼儿自尊心，寻找积极的方法，帮助幼儿解决问题，避免给幼儿造成心理压力。

活动四：将蔬菜切碎了

在娃娃家的小厨房里，我发现露露小朋友经常会把我提供的塑料蔬菜水果玩具用手或者剪刀给弄坏，搞成碎片。经过几天的观察，我才知道，露露小朋友将弄碎的材料做成饭给宝宝吃。我猜测，可能露露小朋友觉得宝宝吃的食物是不该那么大的。终于在一天早上，我听到班里其他小朋友问她："露露，你为什么把厨房里的蔬菜水果都给弄成了小块。"露露骄傲地说："你知道吗？宝宝的食物都是这样的小块。"

面对这种情况，我并没有急于找露露小朋友，告诉她不该损坏幼儿园的玩具，而是取走厨房里的旧的蔬菜水果，投放了新的蔬菜水果，同时也提供了很多可以分开的粘连好的蔬菜水果玩具。露露小朋友从此再也没有出现过破坏玩具的现象(图 4-16)。

图 4-16　给宝宝做辅食

分析

幼儿非常喜欢娃娃家，随着年龄的增长，他们对周围事物的认识也有所提高，关注事物也更加细微。小班娃娃家的物品，大多是简单的玩具或者是教师和幼儿手工制作用的材料。但是进入中班，随着幼儿生活经验的逐渐积累，他们关注的材料便有了很多的变化。他们开始提出，想要做饼干的模具，想要爸爸妈妈的衣服，想要真实的蔬菜水果或者是接近真实的蔬菜水果。他们需要更加贴近生活的材料，在对这些材料的运用过程中，体现出他们的生活经验，展示出他们所见所学的能力。例如，小班的时候，彩色纸被当做蔬菜切片，幼儿很喜欢用它做菜，但是到了中班之后，我却发现幼儿开始把这些蔬菜切片撕碎了。经过和幼儿的沟通之后，我才知道因为幼儿觉得蔬菜不应该是大大的切片，而应该是碎碎的，因为他们吃的炒菜就是碎碎的。

中班的小朋友不仅在材料的选择和使用上，而且在游戏过程中，都展示出不同于小班小朋友的能力。他们开始喜欢和同伴交往，喜欢和小朋友、教师们一起谈论生活中感兴趣的话题。我经常看到，在活动区中幼儿背着爸爸妈妈的包，模仿着爸爸妈妈的样子笑着走出来。但是他们之间也会出现冲突和矛盾。能力较强的小朋友会倾向于通过协商来解决这些问题，但是能力弱的小朋友有时候就会选择用争吵或动手来解决问题。面对这些情况，教师要根据具体的情景，及时帮助幼儿解决游戏中发生的问题。

2. 星星餐厅

韩 培

背景

9月份开学，我们班开展了"我是中班小朋友"的系列活动。中班幼儿通常喜欢象征性游戏，在游戏中常把自己想象成一个特定的角色；喜欢和同伴交流沟通；开始有一定的判断是非的能力；规则意识也开始萌芽。

为了满足幼儿的兴趣和需要，开学初我和幼儿针对开设什么角色区进行了讨论。我了解到幼儿把一起和家长参加聚会的场景深深印在了脑子里，很想模仿成人做饭、端菜。为了满足幼儿的愿望，星星餐厅就这样产生了。幼儿的积极性非常高，一起参与讨论角色分配、工作流程和菜谱，还在美工区根据讨论的内容用画笔描绘了餐厅的环境。

目标

了解餐厅厨师、服务员等社会角色，体验为他人服务的快乐；能够遵守游戏规则并正确使用礼貌用语；初步学习钱币的使用；在角色游戏中发展交往能力和解决问题的能力。

过程

活动一：我们的星星餐厅开业啦

激动人心的时刻来了，星星餐厅开始营业啦！餐厅里已经准备了服装、炒锅等道具。前期在美工区用超轻黏土制作了各种主食，如五彩面条、饺子、什锦炒饭、包子等。此外，幼儿还自己绘制了菜谱。餐厅里有两个厨师、一个服务员。一个小厨师开始用铲子做菜。另外一个小厨师和服务员把菜和主食都放在了桌子上，对着玩玩具的小朋友喊："谁来我们餐厅吃饭呀？谁来我们餐厅吃饭呀？"马上就有小朋友放下手中的玩具跑到餐厅去。顿时，餐厅里挤满了小朋友。"我先来的。""你还没有取钱呢，不能去吃饭。""我都没地方了。"

在活动区结束的时候，幼儿都七嘴八舌地告状："老师，小朋友没有点菜呢，厨师就自己做饭了。""我想要的食物，厨师不给我做。"……针对种种问题，我们一起坐下来展开了讨论。"今天星星餐厅为什么挤满了小朋友呢？"幼儿都争先恐后地举手想说一说自己的想法。"他们没有收玩具也没取钱就去小餐厅了"，一一愤愤不平地说。"有两个小厨师做菜，我先去的，当当不让着我", 诺诺看上去有点委屈。"因为没有遵守规则", 茜茜最后说出了想法。"我们和爸爸妈妈去饭店吃饭时都是什么样呢?"幼儿努力回忆着。"都是妈妈先拿菜单点菜, 然后阿姨给端上来。""我没有看见过给做饭的厨师。"……经过一番讨论, 我们对餐厅的游戏规则进一步细化, 明确了厨师和服务员的分工, 同时也对顾客提出了先取钱再排队最后吃饭的要求。这样, 小餐厅游戏步入了正轨, 对厨师、服务员、顾客的要求分别如下(图 4-17、图 4-18)。

厨师: 给客人做出所点的菜和主食, 推出今天的特价菜。

服务员: 招呼客人、为客人点菜、给客人端菜、收钱、收拾餐具。

顾客: 到银行取钱, 然后去餐厅点餐、吃饭、结账。

图 4-17　我们的餐厅

图 4-18　餐厅菜品

活动二: 增加调料, 让顾客更满意

活动区时间到了, 星星餐厅的小厨师和服务员穿戴整齐, 准备迎接客人。丫丫小朋友高兴地带着钱光临了餐厅。她是今天餐厅迎接的第一位顾客。服务员提提拿出菜谱, 很兴奋地问丫丫: "请问你想吃什么?"丫丫翻着菜谱, 看到了面条, 手停在了面条上说, "我想吃面条"。这时候, 妞妞小厨师开始为客人做饭了。她很熟练地打开锅用火把面条煮熟。几分钟后, 妞妞高兴地说: "好了。"提提把面条放在盘子里端给丫丫。丫丫吃了两口面条, 说道: "这个面条不够咸。"妞妞和提提愣住了, 有点不知所措。丫丫没有给钱就离开了餐厅。

看到了这样的现象, 在活动区活动结束的时候, 我说: "今天我们的餐厅发生了一件事情, 小客人对厨师做的饭不满意, 那怎么办?""那就请厨师重新做", 嘟嘟首先说出了自己的观点。"小朋友们都同意吗?""同意!"幼儿不约而同地回答。"丫丫, 今天你在餐厅遇到什么事情了?""我吃的面条不好吃, 不咸。""你有什么好办法帮助厨师把面条做咸吗?""放点盐就行了, 我妈妈就是这样的。"丫丫得意地说。就这样，餐厅里又增加了盐、醋、酱油等调料。幼儿又开心地玩起来了（图4-19、图4-20）。

图4-19　我会点餐

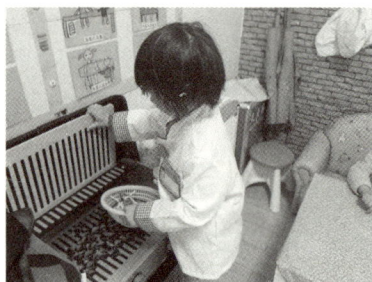

图4-20　烘焙师

活动三：我们可以轮流着玩游戏

活动区活动刚刚开始，婷婷、炟炟、彤彤、嶓嶓早早来到了星星餐厅。四个人不知因何争执起来。"是我先来的"，婷婷换好了衣服对其他小朋友说。"我也换好衣服了，我也是先来的"，彤彤也不甘示弱。"那我们石头、剪刀、布吧。"炟炟提出了一个办法。彤彤没有回应。于是，嶓嶓自己去了别的区。"我们三个人怎么玩呀？"婷婷有点犯难了。"让我先来当顾客，一会儿再交换。"炟炟提出了自己的想法。"好！"婷婷和彤彤不约而同回答。就这样，三个小朋友开始了今天的活动。炟炟点好了菜等着吃饭，婷婷戴着手套为客人做饭，彤彤来当服务员。不一会儿，三个小朋友彼此交换，之后的一段时间又进行了一次交换。三个小朋友玩得特别好。

在区域活动总结的时候，我请他们三个小朋友一起来和大家分享今天在餐厅轮流游戏的经历。从中我们可以知道，小朋友轮流游戏有很多的好处，如不会耽误游戏时间，不通过教师的帮助自己就能解决问题，不用换别的游戏区等（图4-21）。

活动四：星星餐厅增加了烧烤菜品

经过一段时间，星星餐厅变得冷清了不少，只有彤彤和婷婷喜欢来餐厅游戏。彤彤点了一桌子好吃的，有蛋糕、汉堡、水果、玉米等。小服务员婷婷把彤彤点的吃的都端了上来，走到她的面前说："这么多好吃的，你自己能吃得完吗？"听了婷婷的话，彤彤想了一下，说："是有点多，太浪费了。"于是，她从边上的盒子里拿出一张邀请卡。"我去邀请我的好朋友提提和我一起来吃。"说完，彤彤走到了科学区找到了提提。"你想和我一起去餐厅吃饭吗？"

图 4-21 自己协商解决问题

"我想玩玩具。"提提拒绝了彤彤的邀请。彤彤又去邀请丫丫。"丫丫，你想和我一起去餐厅吃饭吗?"丫丫正在忙着拼图也没有回答。彤彤有点不开心，自己一个人回到了餐厅。

在区域活动总结时间，我请小朋友们说一说遇到餐厅没有客人的情况该怎么办。幼儿提了很多的建议，如去请别的班的小朋友，做的饭再好吃点等。大家又一致同意餐厅增加烧烤菜品。

调整后的星星餐厅饭菜分类清楚了很多。烧烤区：烤鱼豆腐、烤韭菜、烤鱼卷、烤鸡、烤玉米、烤鱼、烤肉串；甜品区：牛角面包、法式面包、果酱面包、蛋糕；主食区：面条、包子、什锦炒饭、春卷、饺子；水果区：苹果、西瓜、橘子、草莓、梨。食谱完善了，餐厅又能重新营业了(图 4-22)。

图 4-22 食品分类

活动五：星星餐厅有包间啦

星星餐厅经过调整后生意很兴隆，想去吃饭的小朋友很多，可是餐厅地方很小，有的小朋友想去吃饭却没有地方。当发现角色区有一张桌子空着时，丁丁和可心赶紧问服务员："在这吃饭行吗?""可以，你们先点菜吧。"服务员很爽快地答应了。于是丁丁和可心开心地坐下了。"这像一个包间，我上次就是在包间吃的饭，没有别人。"可心把以前吃饭的事情告诉了好朋友丁丁。他们俩吃完饭走后，又来了两个小朋友坐在了包间里。

区域活动结束后，到了分享的时间。在包间里吃饭的小朋友和大家分享了在包间就餐的快乐心情。包间的诞生让幼儿在角色游戏中更加愉快。

分析

星星餐厅持续了一个学期，生意兴隆，幼儿都很喜欢参与其中，主要有以下几方面原因。

第一，角色游戏内容来源于幼儿的日常生活。贴近幼儿生活的活动是幼儿所喜欢的，愿意积极参与的。餐厅是幼儿非常熟悉的场所，每个小朋友都有去餐厅吃饭的经历，所以在餐厅游戏中，幼儿能很自如地扮演厨师、服务员和顾客的角色。

第二，幼儿愿意尝试自己解决问题。星星餐厅从开区到现在遇到了很多问题。由于中班幼儿语言表达能力的增强，幼儿能和老师一起讨论解决问题的方法，幼儿参与游戏的热情被不断激发。餐厅先后经过了几次调整，每一次幼儿都大胆地说出自己的想法，从而真正成为活动区的主人。餐厅游戏满足了幼儿社会学习的愿望，幼儿在宽松的氛围中想说、敢说、愿意说，情绪可以得到完全的释放。当然，游戏过程中教师的有效支持也给幼儿游戏以助力。

第三，游戏形式多样，各个活动区联系密切。餐厅与其他区域有互动，如幼儿可以到美工区去制作食物，锻炼了动手能力；可以推着餐车到各个区请小朋友免费品尝，体验收钱的快乐；可以到别的班去邀请好朋友来一起吃饭，密切相互之间的关系。

3. 星星水吧

曹　畸　贾婧研

背景

9月份幼儿刚升入中班，由于天气仍很炎热，我们总会特别关注他们的饮水量问题。为了让幼儿主动饮水，也曾想了很多办法。一天，琪琪在饮水时说："在家妈妈会给我泡花茶喝，花茶很去火的。""我在家会喝蜂蜜水，妈妈说喝了不上火。"一旁的萱萱回应道。"可是我奶奶说喝白开水最去火，我在家都喝白开水。"轩轩也加入了谈话。"我爱喝果汁，那种鲜榨果汁特别营养。""我喜欢喝鲜奶。"……幼儿热烈地交谈着。

倾听了幼儿的对话内容，我们觉得让他们主动饮水时还应该考虑到他们的喜好，为他们提供健康、多样的饮料。于是在过渡环节我们和幼儿一起展开了"如何让每个小朋友都能喝上喜欢的饮料"的讨论。幼儿很感兴趣，并都积极地参与讨论。——小朋友说："可以从家里带来喜欢的饮料。"晨晨说："请教师给准备饮料。""我们什么时间喝饮料呢？"我问道。"可以在起床以后喝。""可以在区域活动的时候喝。""可以随时喝。"……幼儿都争先恐后地说出自己的想法。通过讨论，我们最终决定在区域活动时让幼儿自选饮料来喝，其余时间则喝白开水，饮料由小朋友和教师共同准备。

考虑到幼儿身体健康的需要，为调动他们饮水的自主性，提高自我管理能力，我们一致觉得应满足幼儿健康饮水的喜好，支持幼儿创建水吧。

目标

让幼儿知道饮水对于身体健康的重要意义，能自主饮水，愿意多喝白开水，选择健康的饮料饮用；让幼儿知道水资源的宝贵，有节约用水的意识和行动；让幼儿能理解规则的意义，并在教师的支持下尝试制定规则和遵守游戏规则；让幼儿了解角色职责，能主动承担工作内容；让幼儿能主动表达自己的想法，与同伴友好、礼貌地交往，尝试解决与同伴间的冲突。

过程

活动一：我喜欢的水吧是这样的

幼儿很期待水吧的开业。可是水吧建在哪里？要准备些什么呢？这些问题又需要幼儿共同商讨。于是，我问他们："你们喜欢的水吧是什么样的？"幼儿陷入了一片沉默。过了一会儿，牛牛说："水吧里应该有很多种饮料。""应该有服务员。""还有收钱的阿姨。""应该很漂亮、很干净。"……幼儿逐一表达自己的想法。为了明确了幼儿的需要，我就试图让他们把想法说得更具体。我提出了几个问题，让幼儿讨论。

第一，我们要准备什么材料呢？洋洋说："应该有不同的饮料。""怎么知道小朋友们喜欢喝什么呢？"我问道。"我喜欢喝蜂蜜柚子茶。""我喜欢喝西瓜汁。""我喜欢喝奶。"……我把幼儿喜爱的饮料名字记录下来。"这些口味的饮料谁来准备呢？"我问道。"我家有蜂蜜柚子茶，我明天带来给小朋友喝。"在萱萱的提议下，幼儿都乐意把家中的饮料带来。"除了这些，我们还需要什么呢？"我启发道。"要有杯子、勺子、水壶。""要有收款机。""还要有桌子和椅子。"……就这样，东西不断丰富起来。在幼儿的建议下，我们在墙壁上张贴出水吧饮料图片，包括玫瑰花茶、菊花茶、梨水和白开水等。

第二，需要几个工作人员？他们该做些什么？幼儿决定只需要一位收银员和一位服务员。收银员负责准备零钱、收钱；服务员负责清洗餐具、招待客人、冲泡饮料、收拾整理餐具。

第三，小朋友怎么买饮料呢？军军说："给钱才能喝饮料的。""人多还要排队。"……就这样，我们逐渐确定下了水吧的游戏规则：幼儿购买前要先取钱，按价格支付后才能品尝饮料；客人多时要排队等候，不能大声喧哗，不能影响工作人员工作。第二天就有小朋友带来了喜爱的饮料。我们也尽快地准备了其他所需的材料。水吧的筹备终于完毕。

分析

区域游戏是中班幼儿学习的主要形式和载体。激发幼儿的自主游戏，往往能让游戏活动本身更具价值，所以倾听幼儿对水吧创建的想法是很有必要的。幼儿对游戏材料的选择、准备，环境的构想，游戏规则的初步制定，教师都应给予支持。引领、启发幼儿的想法，让他们结合自己的生活经验去构建属于他们的水吧，这正是幼儿自主游戏的良好开始（图 4-23、图 4-24）。

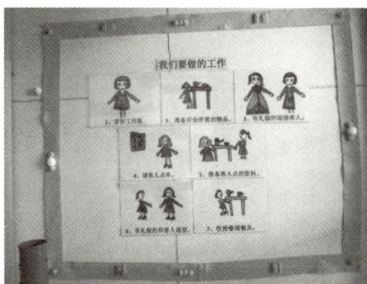

图 4-23　我们的工作内容

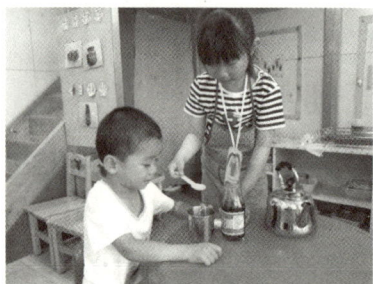

图 4-24　我会服务好

活动二：水吧的卫生问题

星星水吧在幼儿的关注下诞生了，随之而来的就是怎么玩的问题。我和幼儿一起进行了关于卫生操作规程的讨论。我说："饮水卫生特别重要，如果饮水不卫生会怎么样？"当当说："会生病。"丫丫说："会肚子疼，拉肚子。"小朋友们都点头表示同意。"服务员应该怎样做才能保证我们喝饮料时很卫生呢？"子涵说："要穿围裙，要洗手。"一一说："盛饮料的餐具也要洗干净。"大家都觉得他们说的有道理。我继续问："你们觉得用什么杯子喝水比较卫生呢？"朵朵说："可以用我们自己喝水的杯子！"……经过与幼儿的讨论，我们建立了水吧的卫生操作规程：1. 服务员进区前穿围裙、洗手，并准备干净的勺子；2. 小客人喝水前要洗手，用自己的杯子喝水，喝完饮料后自己将杯子洗干净放回去。游戏中幼儿都很遵守游戏规则。

分析

中班幼儿的规则意识逐步形成，他们开始学习控制自己的行为，遵守集体的共同规则。但这一时期的幼儿对遵守规则还没有达到自律的程度，因此，幼儿在遵守规则时常会表现出以自我为中心，规则有时遵守有时不遵守的状态。要让幼儿参与制定游戏规则，用外在的规则约束他们的行为，以保证游戏的顺利开展。中班幼儿逐渐养成了良好的生活卫生习惯，有基本的生活自理能力，其生活经验也日益丰富。因此，幼儿在饮食卫生方面具有一定的经验，知道入口的东西必须干净，做吃的喝的之前要系围裙并洗手。

幼儿的游戏内容如果来源于他们的生活经验，游戏如何开展对他们来说就不困难。他们会积极参与讨论和进行准备工作，也会对游戏内容本身感兴趣。所以，作为教师一定要在幼儿的生活经验基础上启发、梳理幼儿的想法，并把这些想法落实到游戏活动中。

活动三：客人爆满

在教师与幼儿共同的努力下，经过一个星期的筹备，星星水吧正式开业啦。第一天的营业就迎来了许多客人。由于人太多，水吧门口被堵得水泄不通。看到这番景象，服务员萱萱从人群里钻出来，跑到我面前，说道："老师，人太多了，我们都没法工作了。快来帮帮我们。"我走到水吧前说："小朋友们，这么多客人挤在这里，服务员都没法工作了，怎么办啊？""大家要排队。"萱萱大声说道。在服务员和收银员的共同努力下，水吧前排成了一条长队，水吧的工作人员可以工作了。可是看到排在后面的客人们那焦急的表情，看来还需要大家想办法解决这个"人太多"的问题。

在午餐前的准备时间，我请萱萱和大家分享了今天在水吧工作的体验。萱萱说道："人太多啦，我们好累呀。"对于刚开张的区域，肯定会面临这个问题，谁都想体验一下参与创建的水吧到底怎么样。"请小朋友们想一想，客人这么多怎么办？"我问道。"要排队。"幼儿几乎异口同声地回答。"今天客人们也排队啦，客人们觉得怎么样？""我们等了很长时间。"文文说道。"如果人特别多，后面的客人会等得很着急。"我重复道。幼儿点头回应着。"有什么办法能让客人们不等那么久呢？"我这一问幼儿顿时沉默了。"不要让那么多客人排队。"牛牛说道。"多少客人排队比较好呢?"我追问道……经过讨论,幼儿决定准备两把等候椅坐,准备一些图书让等候的客人看,这样客人就不会觉得太无聊,其他小朋友看到等候椅坐满了就先去玩别的游戏,过会儿再过来,这样就减少了客人的等待时间。

活动四:没人光顾的水吧

水吧经过了一段时间的营业,热度逐渐下降,顾客越来越少了。有的时候只有两名工作人员站在门口,等待客人光临。一天,在区域活动回顾时间,妍妍把这个问题提出来与大家分享。我请小朋友回家就此问题与爸爸妈妈一同想想解决办法,并准备在第二天的餐前环节正式展开讨论。"可以请服务员到外面请客人。""可以搞促销活动。""换一些饮料。"……收集了幼儿的建议后,我们制作了"今日特价""特别推荐"两块宣传栏,并且让服务员主动邀请客人光临水吧(图4-25)。

图 4-25　特价活动

分析

语言的表达是在运用和交流的过程中发展起来的。中班幼儿表达能力的增强使得他们愿意与人交谈,喜欢谈论自己感兴趣的话题,因此可以通过谈话活动,让幼儿表达自己的想法,进而通过丰富游戏内容来尝试解决游戏中的问题。幼儿通过与家人的交流也会获得更多的社会经验和信息,从而促进了幼儿游戏活动的开展和社会化学习的进程。

活动五:星星水吧添加了新的饮料

在试营业的一段时间里,水吧里的柠檬水、白开水比较受幼儿欢迎,逢来必点。可是经过一段时间之后,水吧变得冷清了许多,幼儿的口味好像又有了新的变化。有的幼儿甚至会说:"水吧里面的饮料我都喝腻了,有没有我未喝过的水呢?"

于是，在区域活动回顾时间我们一起展开了"水吧可以添些什么饮料"的讨论。朵朵眼睛一亮说："可以喝果汁，妈妈不让我喝碳酸饮料！""蜂蜜水！""枣水！"大家七嘴八舌地讨论起来，最后我们确定了十几种饮料。我又问道："这些饮料哪些是小朋友能自己制作出来的呢？""可以像泡柠檬水一样泡枣水"，一一小朋友说。"果汁怎么制作呢？""可以用果酱冲水喝，就像蜂蜜水一样！"……就这样，我们确定了新的水吧饮料单，在原有饮料的基础上新增了豆浆、蜂蜜柚子茶、枣水、牛奶茶等饮料。此后来水吧喝水的小朋友总是络绎不绝。

分析

幼儿期是幼儿游戏能力发展的关键期。作为教师应该给予幼儿有力的支持，激发幼儿的游戏兴趣。因为兴趣是幼儿积极投入活动的源泉，幼儿只有对某项事物产生了兴趣，才会在活动中表现主动性和积极性。

幼儿已具备自主选择材料、主动参与游戏讨论的能力。教师要做的就是让他们参与讨论，并帮助他们分析想法的可行性。幼儿在这样的讨论活动中会逐渐感受到自己是游戏的主人，并能自信地表达自己的看法。

活动六：有分工有合作

水吧生意兴隆，小客人络绎不绝。水吧里两位工作人员各负其责。服务员一会儿洗勺子一会儿打水一会儿做饮料，忙得不可开交。而收银员收钱后无事可做，就主动帮服务员准备饮料，但是服务员却说收银员不应该帮忙，这不是他的工作。

区域活动回顾时间我们就"收银员要不要帮忙"这个问题展开了讨论。经过热烈的讨论之后，小朋友们赞同收银员可以帮忙。"收银员可以帮助做哪些事情呢？"我问道。"他要先收钱，然后再帮忙。""帮助收杯子。""还可以迎接客人。"……于是我总结了幼儿的想法：收银员可以在服务员招待客人的时候，迎接新来的客人；收完钱后，可以帮助服务员收拾整理物品。两人既有分工也有合作（图 4-26）。

分析

中班幼儿在集体活动中已开始了解和学习与他人合作的方法，但仍需要教师的支持和引导。对于幼儿自发的合作行为，教师要让幼儿把握好合作的度，不能因为合作而没有了分工。

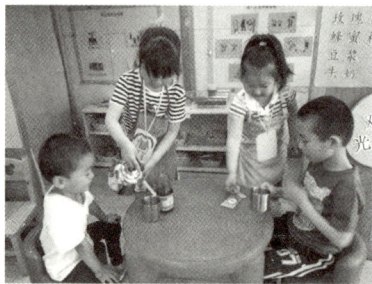

图 4-26 火爆的生意

4. 天使发型屋

罗　莉

背景

　　早上来园时,小乔对好朋友睿睿说:"昨天我妈妈带我去剪头发了,你看!"还指着自己的刘海儿说:"那个剪头发的叔叔说我剪个刘海儿更好看。"这时,我看到小乔的刘海儿,称赞道:"真漂亮!"教师的一句赞美引发了幼儿有关理发的一系列话题。"我也去剪过头发。""我上次洗头的时候是躺着洗的,我爸爸是坐着洗的,那个阿姨还给我爸按摩。""我上次就是坐着洗的,但是是躺着冲的。"……洗发、理发是每个幼儿都经历的事,家长们常常带着幼儿去理发店里洗发、理发。理发店的游戏对幼儿来说并不陌生,有生活经验支持。所以,我班在幼儿和家长们的支持下决定开设理发店角色游戏区。为区域取名字、创设环境、制定规则、设立角色以及规定日常用语,这些都是我和幼儿一起商讨出来的。

目标

　　让幼儿扩展对理发店的认识,了解洗发师、理发师、造型师职业的特点,体验顾客与洗发师、理发师、造型师之间的言语、动作的交往;让幼儿初步学习和掌握协商、轮流、合作等友好交流的策略和技能,学习制定并遵守所扮演的角色行为规范,尝试学习解决与他人交往中的问题;在取放和收拾整理材料时,让幼儿能保持环境整洁。

过程

活动一:天使发型屋的诞生

　　当我们决定利用班级的小阁楼开个理发店时,幼儿都很开心。教师问:"那我们取个什么名字呢?"幼儿开始七嘴八舌地说起来。毛毛说:"就叫美美剪发吧!"果果说:"那又不是我们中四班的,那是外面的!"大家觉得果果说得有道理。教师也表示赞同:"嗯,我们可以取一个中四班的理发店名字!"小乔说:"现在都不叫理发店了,都叫什么美发还有发型什么的。"教师表示同意,大家又开始讨论了起来,取了几个名字都不能得到共同认可。当户外活动的音乐响起来时,大家就开始哼唱了起来,甚至个别幼儿开始动了起来。当歌声唱到"你就是我的天使"这句歌词时,幼儿更加开心了。这时毛毛兴奋地说:"老师,叫天使理发店好吗?"睿睿说:"天使发型屋更好听!"大家都纷纷表示赞同。教师肯定地说:"毛毛说的天使一词大家都觉得特别好,对吗?"幼儿很开心地说:"对!""那你们愿意叫天使发型屋还是天使理发店呢?"毛毛说:"我们班的理发店是在一个小屋子里,就叫发型屋吧!"教师再次询问:"你们同意吗?"大家兴奋地喊道:"同意!"

分析

中班幼儿随着生活经验的逐步丰富,对周围生活的人和事都怀有极大的热情和好奇心。他们能够提出自己的想法,并有主动参与活动的能力。作为教师,我们应该理解幼儿,更好地帮助他们实现合理的愿望。在这个活动的后续环境创设和游戏过程中,教师不断地问询幼儿的想法和归纳提炼幼儿的建议:"在我们的发型屋里,洗发师要做些什么? 理发师要做什么? 造型师要做什么? 顾客要怎样做?"天使发型屋的环境创设、规则确立等都是在幼儿的讨论中诞生的。在一个轻松、自主、有规则的环境中,幼儿真正成为活动的主人。

活动二:我也想扎灯笼辫

随着天使发型屋的日趋火热,教师根据幼儿的需求不断地增加新的材料,如各种辫绳、发卡、假发,还有男孩子们可以做造型的领带、礼帽等。光顾的客人越来越多了,随之也产生了一些问题。乐乐对造型师点点说:"我想要扎一个昨天笑笑那样的灯笼辫!"点点说:"我昨天没来,不知道笑笑的辫子是怎么扎的呀?"乐乐不高兴地说:"可是昨天笑笑那个灯笼辫可好看啦! 我也想扎灯笼辫!"点点说:"我去问一下笑笑吧!"询问后,点点大概知道怎么扎了,于是给乐乐在本来的马尾辫上又系了一根彩色的辫绳,说:"你看看,这样可以吗?"乐乐摸了摸头发,扭过头看了看镜子里的辫子,还是不满意地说:"还要扎好多个呢!"点点又扎了两个,乐乐才稍微满意。

活动区活动时间结束时,教师将游戏中的问题抛给大家:"今天乐乐想扎昨天睿睿给笑笑设计的灯笼辫,可是造型师点点昨天没来,不知道该怎么扎。

大家想想，如何才能让造型师都知道该怎么扎灯笼辫呢？"幼儿开始说了起来：
"让睿睿教大家呗！""拍个照片贴在墙上！"……教师说："你们想的办法都特别
好，那顾客来发型屋，她自己也不知道该做什么造型，造型师也不知道给她
做什么，怎么办？"一下子，幼儿的发言就不那么踊跃了。于是教师又问："你
们去过理发店，对吧？理发店里是怎么做的？"姗姗说："阿姨会问，'你是要
洗头、剪发，还是烫发？'"小乔说："理发店里有很多的书，上面就有很多不
同发型的图片，很多头发的颜色也不一样！"可薏说："对，上次我妈妈烫发，
那个叔叔就拿那样的书给我妈妈看，我妈妈让帮她选一个！"……教师再进行
提示："那我们的发型屋可以怎么做呢？"毛毛说："我觉得我们也可以弄一个，
这样造型师看着图片就知道该怎么做了！"

经过两天的准备，我们天使发型屋的服务指南投放到了游戏中。造型师
们学会了更多的造型。随着创意造型不断地增加，幼儿都希望自己给自己做
的造型或自己给别人做的造型能放到我们的服务指南中（图 4-27）。

分析

在活动区游戏中，大部分幼儿能够自主实现游戏，或者在同伴或者在成人的
帮助下完成游戏。教师发现幼儿想扎和别人一样的辫子，但碰巧遇到造型师不会
此造型，因而影响了游戏的继续进行。于是，教师抛出话题引发幼儿集体讨论，
及时利用幼儿已有的经验来帮助他们解决问题。由于中班幼儿是整个幼儿期具体
形象性思维表现最为典型的时候，因而天使发型屋服务指南的出现也为幼儿继续
游戏和提升游戏水平提供了有力的支持。服务指南为幼儿提供了可选造型及制作
方法。通过服务指南的间接帮助，幼儿在游戏活动中能保持着积极的状态。

图 4-27　造型师的工作内容

活动三：我是最棒的造型师

今天是亲子活动日。活动区活动开始后，一铭请造型师思贤为其做了一

个职场造型。一铭戴了领结、帽子，腰间系了皮带，对着镜子照了照，自我感觉很满意。他说："思贤，你做的造型真棒！我能把体验卷给我妈妈吗？"思贤说："那好吧！""造型师，我想编头发！"一铭妈妈说。思贤说："您看一下，您想编什么样子的？"一铭妈妈打开服务指南，指了指第一张图片，说："我想编这个！"思贤看了一眼说："我不会编这个，我给您编灯笼辫，好吗？"一铭妈妈说，"那好吧！"当思贤将灯笼辫认真地编好后，一铭妈妈很满意地说："你编得太好了，我还想再装饰一下，可以吗？"思贤说："好的！"她回头看了看架子上的饰品，选了一个发卡说："我觉得这个适合您戴！"帮忙夹好后，他又给一铭妈妈戴上了珍珠手链，最后问："请问您满意吗？"一铭妈妈说："太满意了，我长这么大，第一次梳这么好看的辫子！"思贤特别高兴地笑了，一铭妈妈开心地夸赞思贤："你是我遇到的最棒的造型师！"活动结束后，思贤兴奋地告诉小朋友和教师说："一铭妈妈说我是最棒的造型师！"（图 4-28）

图 4-28　我做的造型很独特

分析

中班幼儿游戏能力与水平进步很快，特别是与同伴、成人的合作性游戏也逐步发展起来。他们已不再满足于自己玩，开始喜欢找同伴、成人一起玩。当幼儿在游戏中得到肯定和夸赞时，幼儿能获得自信和满足感。

天使发型屋随着幼儿的兴趣和经验的累积，一直在不断调整游戏内容和更新游戏材料。幼儿发现："我洗头的时候怎么按摩时间那么短？他的按摩时间那么长？"于是我和幼儿商讨解决的办法。他们说用沙漏当计时器，三分钟就可以啦，于是洗发台上有了沙漏。幼儿开始关注顾客的感受："你疼不疼？""你想不想试试这个？""你不去做造型，那我给你把头发扎起来吧！"……幼儿已经不仅仅满足于头发的造型，于是角色区逐渐增加了各种衣服和装饰，使得幼儿在游戏中能不断丰富造型。随着幼儿的创意越来越多，经验也越来越丰富，他们在与同伴、成人的交往中，也就越表现得大方、大胆、自信。

5. 照相馆

吴 迪 陈 凡

凸显幼儿创意的造型屋游戏开展了一个学期，幼儿依然兴趣不减。在活动区分享环节，他们更是提出了很多的期望："老师，我们还希望玩造型屋游戏"；"老师，我特别希望我能把今天的造型记录下让爸爸妈妈也看看"。在游戏过程中，许多幼儿在装扮后也都会兴奋地跑过来向我展示："老师，你看看我今天的装扮，你能拍个照吗？"看到幼儿兴趣盎然，在游戏结束后，我们提议："很多小朋友都希望在造型屋能把自己的造型记录下来，那我们不妨再开一个照相馆吧，这样每个人的造型都能被拍下来。"大家纷纷点头，就这样照相馆主题角色区应幼儿的热切需求创设了。

目标

通过角色扮演，幼儿能扩展对照相馆的认识，了解照相馆工作人员的工作内容、工作特点，体验顾客与摄影师之间的社会交往；通过初步制定规则，幼儿能养成扮演角色的行为习惯，具有一定的规则意识；在角色分配和游戏中，幼儿能提高协商、轮流、合作等技能，培养创造性地思维；在取放与收拾、整理材料过程中，幼儿能学会对材料的对应、配对、分类等能力。

过程

活动一：我们一起筹备照相馆

说干就干。那照相馆开在哪里呢？需要准备哪些材料呢？我们和幼儿初步进行了交流。通过交流一方面可以请幼儿提出好的意见，同时也可以了解幼儿对照相馆的已有经验。围绕照相馆里都需要准备哪些材料，幼儿你一言我一语地说出了很多自己的见解。乐乐说："照相馆开业，我们还需要准备一些材料，现在还不能开呢！"点点说："外面的照相馆里有很多大小不同的相片、相框、背景可以供顾客选择，那我们的照相馆也需要这些吧！"点点提道："照一次相要多少钱呢？顾客需要照片放到相框里，相框谁来提供呢？"悠悠说："我家楼底就有一家照相馆，爸爸妈妈经常带我去照相，我们也要有一个相机才行，还要有灯光和好看的衣服。"琪琪说："我在照相馆里看到了很多的照相背景，要照相的人可以选择自己喜欢的场景拍照。"橙橙说："我去拍艺术照的时候，那个阿姨给妈妈拿来了好几个不同大小的相册和相框，让我们选呢!"甜甜说:"那我们可以每个人带一张照片和一个相框,大家带的相片可能不一样大,相框也不尽相同。"教师问:"那背景该怎么办呢?"琪琪说:"背景可以我们自己画呀!也可以买呀!"有了初步的提议后,我们开始了照相馆各类物品的准备及布置工作。

照相馆需要的材料:相机、背景布、相框、相册、价目表、登记单、取片单、收款机等。

照相馆的设立:照相馆就设在阁楼下面,因为那里有灯光,也方便做背景。

环境布置:为了营造出拍照的氛围,请家长配合提供一些幼儿的照片,包括艺术照、满月照、和好朋友的合照、和爸爸妈妈的合照等。请幼儿根据自己的喜好在美工区对照片进行边框装饰,并将其粘贴在照相馆的墙壁上。

活动二:参观照相馆

材料准备、环境布置都完毕后,我们的照相馆开始试营业。经过观察我发现来到照相馆的幼儿都只是忙着摆弄相机,角色意识弱,照相馆都有哪些工作人员,每个人的工作内容是什么,他们还不是很清晰。为了给幼儿一个有关照相馆的具体、直观的印象,促使本班的照相馆游戏尽快步入正轨,我给家长们布置了一个周末小任务,那就是带领幼儿走进照相馆,让幼儿进一步熟悉照相馆所需要的材料和工具,同时了解摄影师工作的内容及言行,以丰富幼儿的活动经验。

活动三:相框制作

顾客照完相后想要把照片放到相框里,那相框从哪里来呢?我启发幼儿想办法,幼儿说可以请教师去买一些相框。于是第二天我买来了一些相框。我发愁地说:"相框实在太贵了,小朋友每次照相都想要相框,我都要去花钱买,可是我没有那么多钱怎么办?"小朋友们马上回答:"那我们可以请美工区的小朋友来制作一些相框啊!这样多省钱。"于是在接下来的几天里,美工区的小朋友用纸盒、冰棒棍、羽毛、纸盘等材料制作了各种不同的相框,并送到了照相馆。幼儿将大小不一材料不同的相框进行了分类整理,在整理的过程中发现个别相框有开胶的现象时还能够动手进行修复。

活动四：为照相馆开业做准备

我们的照相馆要隆重开业了。但是若开业就需要有客人来，我引导幼儿思考："用什么方式让客人们都知道我们的照相馆开业了呢？"甜甜说："我在外面看过，很多商店、理发馆开业时都要在门口摆放花，还会放鞭炮。"典典说："难道我们要放真的鞭炮吗？"小杰说："当然不能放真的了，万一着火了怎么办，我们去美工区做一个吧。"于是美工区小朋友设计制作了鞭炮，连同制作的许多精美相框都一并送到照相馆。我们的照相馆经过充分准备终于开业了（图 4-29）。

图 4-29　创意照相馆

活动五：生意太火爆了

没有客人我们发愁，但是客人太多，生意太火爆也会带来问题。照相馆开馆后小朋友们都很积极，参与的人数越来越多，但照相馆的场地、摄影师的人数和摄影设备都很有限。这可怎么办？在区域活动分享环节，照相馆的工作人员纷纷抱怨，今天的角色区玩得不开心，人太多，太拥挤。客人也抱怨，等了很长时间都没有拍上照片。在大家你说我说间，新的问题解决方案出台了：设置等待席位供前来照相的客人休息；照相的场地可以根据顾客的需要而变化，不一定非要在照相馆里的背景下，也可以选择任何一个喜欢的地方；设立接待员岗位；提前预约照相时间。这样既解决了照相馆人多的问题又培养了幼儿的规则意识并增加了新的角色。

活动六：客人对服务不满意

今天活动区活动结束后，我们请小朋友们谈谈自己的游戏感受。结果两位客人站起来表示，今天去了照相馆，但是工作人员根本不理，后来他们就走了，也没有拍上照，所以很不高兴。

顾客来到照相馆，工作人员需要怎么接待呢？就此，我们和小朋友们进行了讨论：当顾客来照相馆了，接待员该说些什么。小朋友们认为，可以主动给客人介绍一下店里的相册、相框、背景图等内容，问一问顾客喜欢怎么装扮，需要什么样的背景，摆什么样的造型；当无人来照相馆时，摄影师可以四处走走进行抓拍，接待员可以主动去邀请顾客（图4-30）。

图 4-30　我当摄影师

分析

从造型屋到照相馆的创设，每一个活动都是顺应幼儿的自主需求，在幼儿的意愿下逐步递进、层层展开的。造型屋的深入开展，促成了照相馆的诞生，而照相馆的诞生又将促成走秀活动的形成。一系列活动都是幼儿将游戏不断深入开展的结果，都是教师密切观察、紧密追随幼儿兴趣需求的结果。

照相馆活动开展期间，我们还实现了照相馆角色区幼儿与表演区幼儿之间的游戏互动，实现了与美工区幼儿之间的密切合作。整个教室成了有机互动、相互交融的空间。幼儿个性健康成长，素质综合发展，生活快乐而有意义。

6. 服装走秀

杨　璇

背景

上学期我们班的角色区是美发屋，在这里幼儿可以做各种发型，而且表演区的幼儿可以来这里做好装扮然后再去表演。但是美发屋游戏实施一段时间后我发现，刚升中班的幼儿小肌肉发育得还不是特别灵活，美发屋中许多需要精细动作的装扮，幼儿不能独立完成。例如，很多幼儿都不能完成扎辫子的工作。针对幼儿在美发屋中出现的问题，我倾听幼儿的建议，将美发屋升级为装扮屋，能做发型的幼儿可以给小客人做发型，而不会做发型的幼儿可以进行各种各样的装扮和造型，幼儿可选择的活动内容更多了。调整后的装扮屋生意非常火爆，小客人在这里随意装扮，自由创意。可是随着时间的推进，问题逐渐暴露：第一，幼儿在装扮屋反复穿脱衣服，活动形式单一，缺乏发展点；第二，幼儿虽然装扮了，但没有展示，没有成功的体验；第三，有的幼儿单纯注重操作，不注重美感与搭配，没有听取别人意见的机会。

一次活动区活动结束时，我播放了一首有节奏的歌曲，装扮屋的几个女孩子学着模特的样子有模有样地走了起来，而且表现得非常投入。我看在眼里记在心上，活动区点评环节，我请这几个小朋友说说装扮后走秀的感受，他们都觉得自己非常开心。于是征求幼儿的意见后，我们决定在装扮屋游戏的基础上延伸出服装走秀的活动。

目标

进一步增加幼儿对角色游戏的兴趣，加深幼儿对模特走秀行业的了解，增强幼儿的心理素质，加强幼儿与同伴的合作和交往能力。

过程

活动一：装扮屋里的困扰

装扮屋开设后，幼儿都可以选择自己喜欢的造型去照相馆照相了。可是，许多幼儿都是为了装扮而装扮，不会太仔细地想自己该如何装扮才好看，每次都是匆匆忙忙地套一件衣服就跑去照相馆照相了。

活动区活动时间，大宝急匆匆地进入装扮屋便开始挑选衣物。他先选了一件武术服，后又看到了装扮屋新进的红军帽子，便拿出来在镜子前试戴，发现照相馆没客人便随便系了两个扣子去照相了。他在装扮期间未和装扮屋的造型师有任何言语或眼神上的交流。照完相后，大宝满意地看了看自己的照片，随后又冲进了满是人的装扮屋，将武术服脱下并随意搭在了一个衣架上，然后自己又选了一套太空服，因为衣服比较难穿，于是就主动求助了造型师的帮忙，穿好了衣服。但他也仅仅是穿了衣服便去照相了，并未听到造型师彤彤提出的带上太空帽和手套的建议。

针对以上情况，我利用过渡时间和幼儿讨论装扮屋的小客人频繁换衣服对装扮屋的正常营业有何影响这一问题。小朋友们你一言我一语地说着。今天的造型师妍妍先发言了："如果有小朋友老来我们装扮屋换衣服，我们都忙不过来了，装扮屋总是有很多人，特别乱。"另一名造型师甜甜也说道："是啊，而且小客人每次都特别着急，把衣服脱了就随便扔到了架子上，又去拿新的衣服，都影响我们的活动了。"妍妍又迫不及待地说道："小客人都不找我们做发型，穿了衣服就走，我们一直在收拾他们乱放的东西。"于是我说："你们看看，小造型师向我们提出了这么多问题。那么请小朋友们思考一下怎样才能搭配出更好看的造型同时又不会弄乱装扮屋呢？"橙橙说："可以规定去的人数。""可是小朋友们都想去装扮怎么办呢？"我反问道。安安突然激动地说："我们可以要求每人每天只装扮一次。这样每人都有机会了。"小朋友们纷纷点头表示赞同。我问道："那我们以后就穿着装扮好的服装去完成你的计划，好不好？如果你想再去装扮就等装扮屋没人时再去，好不好？""好！"小朋友们异口同声地说道（图 4-31、图 4-32）。

图 4-31　看我酷不酷　　　　图 4-32　各式各样的服装

活动二：我们这样来走秀

每人每天装扮一次的方法很好地解决了装扮屋之前的问题，再也没出现小客人不停换衣服的现象，而且因为每人每天只有一次机会，幼儿会格外珍惜，比以前更用心地进行装扮，更注重服装和配饰的和谐搭配，力求打造最美的自己。可是新的问题又来了，所有小客人在装扮后都会穿戴着新服饰进行接下来的活动区活动，在活动区活动时间结束后都直接将其脱掉，这实在太可惜了。如何将精心装扮的造型和更多小朋友分享，成为了我们要思考的新问题。

我利用活动区活动结束的时间和幼儿一起讨论解决方法。我提出问题："我们装扮好的各种各样的造型，除了能用照相的形式和其他人分享，还能用什么形式和别人分享呢？"幼儿陷入沉思。于是我又进一步启发说："你们看电视上的人穿上漂亮的衣服都会做什么动作呢?"典典说:"会手叉腰站着。"源源说:"会摆造型。""那我们以后在装扮屋做完造型,拍完照片后先不用着急脱新衣服换回自己的衣服,可以先穿着它们完成你今天的其他计划,等到我们活动区活动快结束时再集体向其他小朋友展示造型吧。"幼儿都赞同地点点头。

之后每天的活动区活动结束前五分钟,幼儿都会在前面集体展示新造型。这以后,幼儿也再没有出现频繁换衣服的现象。每次他们只选一套自己喜欢的衣服,并精心搭配了配饰后,便去完成自己的其他计划了。在展示阶段,或个人或两两组合向其他人展示自己的造型,幼儿不仅增强了自信心,而且锻炼了合作能力。

通过近几日的走秀活动,不难看出,走秀活动深得幼儿的喜欢。但新问题是幼儿走秀时动作太单一,大多只会摆手叉腰或者剪刀手姿势,没有什么特别创新、特别新奇的动作。

在一次展示后我提出了问题:"谁还有特别的创意来展示我们的造型,除了站着摆造型我们还能做什么?"乐乐说:"我们还能边走边摆造型。"妍妍叫道:"我昨天看到模特就是那么走的。走两步就停下摆个造型,然后接着走,再停下摆个造型。"我进一步提问:"那谁有什么特别的造型和别的小朋友分享?谁能想出别的小朋友想不到的新造型。"幼儿纷纷举手,都迫不及待地想说出自己的新创意。接下来,我依次请了举手的幼儿上前说出自己的创意动作并进行示范。熙熙先说:"穿裙子的小女孩可以两只手抓着裙子,摆小公主的造型。"彤彤又说:"可以走到最前面后原地转一圈。""也可以像小蝴蝶一样飞出来。"开心大声说道。源源说:"小男生可以摆像大力水手一样的姿势,很有力气。"逸诺也说:"穿了超人的衣服就可以飞出来,摆成一手在上一手在下的样子。我前两天在动画片里看到过。"幼儿思如泉涌,说出了各种可以摆的姿势,可以上场的方式。我总结道:"模特在舞台上摆各种造型展示服装那叫走秀。"安安说:"我们也来走秀吧!"最后小朋友们举手表决,决定用走秀的形式集体展示搭配的服装。

活动三:场地的选择与布置

起初,我们都会在活动区后的空地举行走秀活动,地点选择较灵活。如果建筑区的面积较小,我们就选择在睡眠室进行表演;如果玩具区的幼儿较少,我们则选择在活动室进行表演。但后来发现了问题,因为幼儿走秀的积极性很高,每次都会很早地开始进行选址,导致幼儿在活动室的流动性增大,既严重影响了正常的区域活动开展，又不利于幼儿规则意识的培养。

"你们是更愿意在活动室走秀还是在睡眠室走秀呢？"一次活动区点评时间我问道。"我想在外屋走秀，这样大家都能看到。"豆豆说。"我也想在装扮屋这儿走秀，我还能照照镜子。"安安说道。妍妍也迫不及待地说："是啊，是啊。外面的舞台大，直直的道，我们可以和电视上的模特走得一样直。"考虑多方面因素，我总结道："那我们的服装走秀的舞台就定在活动室吧！起点在大门口，小模特在门口的装扮屋旁做准备。听到音乐后先直行通过过道，走到钢琴旁边的位置，再摆一个结束动作，最后转身回到起点。明白了吗？""明白了！"幼儿异口同声地回答。我接着说道："那我们请今天的模特先来试试吧！看看哪个小模特既能按我们规定的线路走秀，又能摆出和其他小模特不一样的造型！"于是小模特们情绪高涨地完成了今天的服装走秀活动。

走秀的形式、场地和小演员都确定了，可是走秀时的观众谁当？为了不影响幼儿其他活动计划的顺利进行，在收区前五分钟，想进行走秀表演的幼儿便可以提前将自己的座位搬到收区时的指定区域，然后在门口排队，自行配对进行走秀准备。

随着走秀活动越来越精彩，小观众也越来越多了。由一开始的一两个，到现在的一大拨儿。只是小观众站着观看已开始影响正常的走秀表演了。根据实际情况，我们设置了观众区，并要求观众坐着观看。从此，在每天快收区前五分钟，走秀活动开始前，小演员和小观众都会准时搬上小椅子到指定区域。

活动四：走秀活动的开展

自从增加了走秀这一环节，幼儿每次装扮就明显比以前认真了，不会再频繁换服装，而是每次都选一件自己最喜欢的服装，并且会搭配自己喜欢的帽子、包包或头饰。

随着钟表分针指向了数字"11"，已装扮好的幼儿纷纷搬着小椅子来到了教室前方，放好后，便走到了门口，做走秀前的准备工作。只见妍妍和乐乐互相整理着彼此的配饰，大宝还走到了镜子前抻平了穿着的警察服，扶了扶警察帽，精气神十足。小观众们也在观众区坐好了。我走到了门口的准备区，小声地询问小模特们："准备好了吗？""准备好了！"小模特们精神饱满地回答着。于是我打开了音响开始播放音乐。踏着音乐的节拍，小模特们分组进行走秀。只见妍妍和乐乐手拉着手走到了舞台中央，合作摆了一个新造型，然后又分别做了一个公主造型和一个飞翔造型，接着绕场一周走回入场口。第一组模特回来后，第二组模特马上出发，迈着猫步，缓缓走向了观众席，各摆了和第一组不一样的两个造型。四组小模特们分组展示完后，到了集体展示时间，小模特们整齐地走到了舞台中央，摆了三组不同的造型，走秀效果特别理想。服装走秀结束后，小观众们报以热烈的掌声和欢呼声(图4-33)。

图 4-33　我们一起来走秀

活动五：给不同角色提供造型服饰

走秀活动刚开始时，装扮屋提供的服装有：公主裙、纱裙、衬衫、武术服等。后来装扮屋又增加了警察服、医生服、超人服、宇航服等服装。我还投入装扮屋不同民族的各种服装。这些都强化了幼儿对社会各种人员、各种角色的认知。同时，我还鼓励幼儿将家中的闲置的物品，如墨镜、领带、手表等带来班中，投放到装扮屋里，既丰富了服装搭配的细节，又将角色活动区与实际生活经验很好地联系了起来。

装扮屋开了一段时间，幼儿对其热情依旧很高，每天活动区活动开始前，总有很多幼儿想到这儿做造型。起初我并没有注意到有任何问题，直到有一天，大宝的一句话提醒了我。"我才不愿意去装扮屋呢，都没好看的衣服！"这句话正巧被我听到了，于是我叫来大宝，问道："咱们装扮屋有一架子的衣服，都没你喜欢的吗？"大宝摇摇头说："没有。男孩的衣服不好看，我又不穿裙子！"这时我才意识到，虽然近期去装扮屋的人很多，但多是女孩，很少有男孩，原来原因出在服装上。于是我抓紧时间添置了一些新的偏重于男孩的服装。从此，装扮屋的服装秀舞台上，总是能看到男孩们开心的身影。

分析

幼儿期是人一生身心发展的关键时期。给幼儿一个开放的舞台，让幼儿自由发挥创意，这对促进幼儿各方面健康发展具有重要意义。服装走秀表演就是这样一个灵活、自由的活动形式。感受模特展演角色的过程，不仅能促进幼儿对观众、模特等角色的理解，更促进了幼儿的全面发展。

第一，调动了幼儿学习的积极性，提高了幼儿自主学习的能力。任何一个幼儿都有走秀表演的机会，在轻松愉快的氛围里，能充分展示自己的才能。无论是服装的搭配，还是走秀的造型，无一不流露出每一个幼儿自己的巧思和创意。

第二，增强了幼儿自信心。幼儿通过走秀活动，能得到其他幼儿的更多正面反馈，如夸奖和掌声，能使幼儿获得更多成功的体验，从而增强自信心，激发幼儿活动的兴趣，提高参与角色活动的主动性。

第三，提供了协商、合作的机会。幼儿在走秀过程中，有时需要两人或几人一起走秀、摆造型。共同商量走秀的形式和所要摆出的造型能培养幼儿协商能力、交往能力、合作意识和集体意识。

7. 五颜六色鲜花店
王　敏

背景

在一次春游活动中，我们参观了鲜花港。在鲜花港，我们见到了品种多样、五颜六色的鲜花。幼儿对美丽的鲜花心生喜爱，回到班级中，在美工区开始了制作花的活动。随着班里作品筐中的花越来越多，幼儿提出也要在班级当中开一个鲜花店。我与他们商量，鲜花店叫什么名字。幼儿说，鲜花是五颜六色的，就叫五颜六色鲜花店吧！

目标

让幼儿大胆、生动地扮演花店中的各种角色，体验角色扮演和与人交往的乐趣，学习运用协商、轮流等交往策略分配角色，共同解决游戏中出现的问题；让幼儿能根据花店游戏和自己所扮演角色的需要选择、使用、制作适宜的游戏材料，不断发展游戏情节；让幼儿在取放和收拾整理材料时，能够保持环境整洁。

准备

第一，准备材料。既然要开花店，那么一定会有很多花，我们已制作的花还太少，不够开一个花店的，所以我们还要制作更多的花。刚开始，我们利用简单的折捏方法制作花。但有几位幼儿说，他们的家人都会制作花。于是我们开展了一次亲子活动，让爷爷奶奶、爸爸妈妈齐上阵，一起用很多不同的方法制作了很多种类的花。

第二，布置花店。一位幼儿说："花店都是很漂亮的，而且还香香的。"现在我们的花都有了，这么多的花该怎么分类摆放？怎么才能把我们的花店装饰得更漂亮呢？恰巧上次的亲子活动后，有个家长告诉我家里亲戚是开鲜花店的，可以给小朋友们提供参观的机会。于是，我们一起参观了花店。幼儿发现，鲜花是插在花桶里的，同样种类的花摆放在一起，花桶上面还有鲜花的名称以及花语。参观时，幼儿亲眼看到了鲜花包装的过程，觉得用包装纸和丝带包扎鲜花会特别漂亮。

参观花店之后，我们有了更多的想法。幼儿从家里带来了塑料瓶，制作成了花桶，用绘画的方式在花桶上给花做标记。幼儿还从家里带来了漂亮的包装纸和丝带，以便能够顺利给花进行包装。大家又互相学习打结的方法。这一切都在为花店开业做准备。

第三，钱从哪里来？"买东西都要有钱啊！"小朋友们在花店开业前又提出新的问题。该用什么交易呢？最后小朋友们达成一致意见。因为班级中的小朋友们都认识1～10的数字，还有的小朋友已经学会书写数字，所以我们请会写数字的小朋友在每一张纸上面写好1～10的数字，用掉多少钱，就划掉相应的数字。

分析

儿童心理学家指出，幼儿期是游戏期，角色游戏是3—6岁幼儿最典型、最主要的游戏，对这一时期幼儿的生活和学习发展具有重要意义。角色区是幼儿开展角色游戏的主要场所。在角色区，教师通过创设情境，提供以物代物的材料，鼓励幼儿承担一定的角色来开展游戏活动。在游戏中幼儿独立自主地确定游戏主题、构思内容、分配角色和制定规则。游戏虽然是幼儿主动参与的活动，但其水平的提高、教育目的的达到需要幼儿通过与环境材料的互动来实现。

本次活动中，主题的提出出自幼儿愿望，而幼儿的愿望又来源于自身经验。在参观鲜花港后，幼儿对鲜花感兴趣，制作了很多纸花之后，结合自己对花店的了解，提出要创设花店的主题角色区。因为幼儿见过的鲜花是五颜六色的，所以幼儿为花店也取名叫五颜六色鲜花店。

在创设环境的过程中，我始终对于幼儿的想法给予支持，充分利用家长资源，让家长带领幼儿去参观花店。在参观的时候，幼儿自己注意到了很多细节，如鲜花都是收集在鲜花桶里的，而且都是分类摆放的，卖鲜花的人都是会把鲜花包装好的，等等，这样就丰富了幼儿的经验。参观完花店之后，幼儿有了更多想法了，如有的幼儿提出，要把花店装饰得更漂亮一些(图 4-34)。

图 4-34　我们的花店

过程

活动一：花店的人太多了，我们忙不过来啦!

经过一段时间的准备，花店可以开始营业了。幼儿对它的期待值非常高，开门的第一天，客人爆满，排队的人特别多，除了两名卖花的售货员，几乎所有的幼儿都放下了自己手里的玩具，聚集到了花店，都想看看花店究竟是怎么"营业"的。排队买花的人也是从花店门口一直排到了睡眠室的入口，大家每个人手里都拿着钱。由于排队的人实在太多了，直到收区的音乐响起，时浩茗和侯开瑞两位小朋友还是没有买到。在区域评价的时候，时浩茗说："我今天去花店排了好久的队，可是还是没有买到花。"他看上去还一脸的不开心。花店的两位小服务员则说："花店的人太多了，我们忙不过来啦!"那么怎么样才能让每个人都能买到花呢?

田田说："可以多增加几个售货员来包花!""那还是会有很多小朋友在排队，怎样才能不用等待呢?"我说。"老师，我见过妈妈买过花，我妈妈是先打电话，过一会服务员就把花送来啦!"陆语欣抢着说。"我知道了! 我们可以把小朋友要买什么花先记录下来，然后把花包装好了再去送!"开开回答说。大家都表示同意。

分析

在每次的区域活动中，教师的及时评价是提升幼儿经验的重要环节。教师可组织幼儿对活动中遇到的一些困难或问题展开讨论。花店从想法、准备到开业都是幼儿亲身参与的，幼儿的期待值自然非常高，所以才有小店员忙不过来的现象发生。当幼儿提出我没买到花的时候，这个问题促使幼儿主动思考，去想办法解决问题。问题的解决得到了教师和同伴的肯定，幼儿也体验了成功解决问题的快乐。

活动二：买来的花可以做什么？

买花的小朋友依旧很多，但是经过幼儿之前的商讨、调整，现在等待买花的队伍不再排得那么长了，基本上每个来花店的小朋友都可以买到花。"老板，我要一束粉色的玫瑰花。"小美对花店服务员说。"好的，你需要包装吗？"服务员问道。小美指了指一个粉色的包装纸说："我要用这个包装，我要把花送给老师。"包装好了之后，小美把花拿到王老师面前，对王老师说："王老师，这是我送你的花。"王老师问："为什么送我花啊？""因为我觉得你很漂亮。""谢谢你，小美。"王老师把花接过来，插到班级的花瓶里。在接下来的活动中，王老师陆陆续续又收到了很多小朋友送的花，花瓶已经插不进去了。

区域评价的时候，小美以及很多小朋友都分享说，今天把花送给了某某老师。这时，开开问："老师，我的好朋友今天过生日，我可以把花送给我的好朋友吗？""当然可以啦，除了送给小朋友，我们的花还能做什么用呢？""还可以买来装饰屋子"，开开抢着说道。"还可以送给建筑区做花坛"，田田说。"娃娃家小朋友过生日时候也可以送给他们。""有很多不会做的花，美工区可以买了然后照着来做。"小朋友们纷纷表达自己的想法。

分析

在日常的区域活动中，教师要心中有目标，善于做一个观察者。区域活动开展起来之后，幼儿玩过一段时间往往会陷入一个瓶颈期。教师要去细心发现幼儿在游戏中遇到的问题。

角色区开设花店的目的就是为了提高幼儿交往的能力，给幼儿一个在交往中学习的机会。在花店的游戏中，幼儿看到一个人把花送给了老师，其他幼儿也都仿效着把花送给了老师。怎样才能让买来的花更加发挥好它的用途呢？教师在区域评价中一个简单的问题引发了幼儿的思考，幼儿利用同伴的经验解决了问题。

活动三："乱七八糟"的花店

今天是田田和开开来到了花店当店员，花店的生意依旧很好。毛毛来到花店说："我想要一朵红玫瑰和一朵蓝玫瑰。""好的！"田田热情地招呼着客人说："是这个吗？"田田拿起一朵蓝色的花。"不是不是，是边上那朵蓝色的。""是这个吧？""不是不是，是边上的那个。""是这个吧？""是的。"好不容易帮客人选好花之后，田田又问："你需要什么颜色的包装纸？"毛毛看了看说："我要粉色格子的。"田田抽了一张粉色格子的包装纸开始给花进行包装，包装完后将包装用品随手扔在一边，说道："终于完成了。"

评价区域的时候，田田说出了自己的问题："我在找花的时候找了好半天才找到毛毛说的花。""那该怎么办呢？""我想我们可以给每种花起好名字，这样就能一下找到了。"接着我们又一起参观了花店，发现花店里包花的工具也被扔得乱七八糟。"我们应该把这些东西分类摆放。""可以给盒子贴上像玩具区一样的标记，这样好找。"最后，幼儿担心服务员们忘了此事，还请美工区的小朋友把规则用绘画形式表现出来，以便提醒花店的服务员们(图 4-35)。

分析

区域活动中教师的干预指导要减少，要以最小的干预换取幼儿最多的自主活动。教师如何把握好指导的度，这既是一个观念问题，又是教学技巧和教育艺术的问题。在今天的活动中，我发现了幼儿在选择花的时候有些困难，但是并没有及时进行干预，而是去观察幼儿是怎么去做的，然后再利用区域评价的机会，请幼儿来说一说自己在游戏中遇到的问题，利用同伴之间的协商共同解决问题。

成功的评价能让幼儿在活动的结尾部分彼此交流体会、分享快乐，从而使幼儿以更大的兴趣、更高的热情去期盼和投身到下一次的活动中。我在评价活动中常常对幼儿说："大家交流一下，说说今天你有什么收获？""今天，你对自己最满意的事是什么？""有什么是你通过克服困难才取得的成功？"这种鼓励式、启发式的提问，会使每个幼儿都能有一个思考的过程。

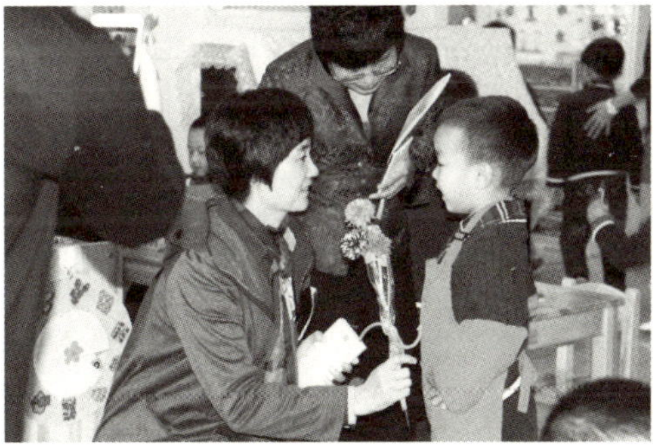

图 4-35　鲜花送老师

8. 香香蛋糕房

尹 华 丁雨新

背景

一天清晨，可爱的玲玲高兴地跑到教师身边说："老师，我昨天可开心了，小朋友陪我过了五岁生日，还吃了香甜的水果蛋糕。"身边的幼儿听到以后，纷纷忍不住凑过来，七嘴八舌地说着："老师，我过生日吃的是小动物样子的蛋糕"；"老师，我过生日的蛋糕是妈妈亲手给我制作的"。小朋友听后既惊讶又羡慕："啊，蛋糕还能自己做呀！"我随意问了一句说："看你们这么喜欢，要不，我们班也开一个属于中一班的蛋糕房吧！"这样的提议得到全班小朋友的响应。于是，角色区蛋糕房就这样应运而生。

目标

让幼儿更加熟悉糕点师、服务员的角色特点和工作内容；让幼儿能利用多种的材料，创造出颜色、形状、样式不同的作品；让幼儿了解糕点师、服务员、客人之间的言语交流方式；让幼儿能初步学习和掌握协商、轮流、合作等友好交流的策略和技能；让幼儿感受集体过生日的快乐。

过程

活动一：我们来取名

活动区开始之前，大家对还没有开张的蛋糕房很感兴趣，都在问："老师，我们何时能去上面玩？"感受到大家满心的期待，教师跟小朋友们商量一下蛋糕房在阁楼上的开业问题。我问："开业前有两个问题，想请小朋友们来帮忙解决一下。第一，阁楼上面的蛋糕房没有名字。第二，我们上去可以做什么？"我把问题抛出来之后，大家都很热烈地讨论。奇奇说："我吃过味多美的蛋糕，我觉得它可以叫味多美。"盼盼说："味多美外面已经有了，我们不能再叫这个名字了。"轩轩说："我们得起一个响亮的名字。"大家想来想去都是外面已经有了的蛋糕房名字，这时候于越站出来说："老师，我们就叫它香香蛋糕房吧！蛋糕都是香喷喷的。"教师就问大家："你们觉得叫香香蛋糕房怎么样？"结果大家都同意了于越的意见。就这样，我们的阁楼就有了香香蛋糕房这个名字。接下来的问题是我们应该怎么玩呢？大家你一言我一语地说着："老师，我们可以到蛋糕房去吃蛋糕。""我们可以去蛋糕房买蛋糕。""我们可以去给小朋友们过生日。"教师肯定了幼儿的各种想法。

分析

中班幼儿好说、好问、好动，对各种活动都比较感兴趣。蛋糕房随处可见，蛋糕也是小朋友们喜欢的食物，所以，他们愿意去开自己的蛋糕房，扮演蛋糕房中的角色。在为蛋糕房起名字的时候，大家都很积极，能够倾听并接纳同伴的意见或者建议，能够与同伴和平相处，能够共同分享自己的心情和想法。

活动二：参观蛋糕房

幼儿开办蛋糕房，需要准备哪些材料？教师询问过幼儿后，发现他们似乎不是非常清楚。教师问："怎样知道蛋糕房需要什么？"幼儿想想后说："不如去参观蛋糕房吧！这样不就全知道了吗？"这个主意得到大家的拥护。之后利用空闲时间家长们带领幼儿去实体店参观。据家长介绍，在参观过程中幼儿观察得特别仔细，认真了解蛋糕房工作人员是怎样制作蛋糕、怎样服务的。

参观后教师收集了幼儿的发现。他们都迫不及待地说出自己的所见所想："我看到柜台上有刷卡机"；"我看到蛋糕店还在卖牛奶、果汁"；"我看到他们不仅卖了蛋糕，而且还在卖面包，还有比萨"；"我看到有蓝莓蛋挞，还有漂亮的生日蛋糕"……教师从幼儿的表达中知道幼儿观察是非常细致的。接下来就该准备蛋糕房的材料与设备了（图 4-36）。

分析

通过对实体店细致的观察，幼儿的收获非常大。之前教师询问时只有几位幼儿能回答问题，而且很片面。但参观完蛋糕房后，幼儿能说出了丰富的内容。这说明实践经验对幼儿的游戏有强大的支持作用。

图 4-36　走访蛋糕房

活动三：我们一起制作蛋糕

蛋糕房的创设来自于幼儿的兴趣，在材料的收集上也尊重幼儿的意愿。教师与幼儿共同探讨需要收集哪些材料，需要亲手制作哪些品种的甜点。汇总讨论内容后班级共分成蛋糕组、面包组、比萨组，幼儿可以选择自己喜欢制作的内容。这样在充实蛋糕房材料的同时，也能发展幼儿的合作能力。

区域活动开始了，幼儿开始自主报名。越越、妍妍等小朋友选择蛋糕组，宝宝、贝贝等小朋友选择了面包组，其他幼儿选择比萨组。在制作蛋糕的过程中，教师询问可以用哪些材料制作蛋糕，并出示幼儿收集的各种蛋糕的图片以启发幼儿。幼儿主要用彩泥进行蛋糕塑形，同时利用珠子、干果、彩片、毛球、金粉等材料做辅助。面包组的幼儿做出各种口味的甜甜圈、牛角面包还有蛋挞等，外形非常逼真。比萨组的幼儿起初发愁不知怎么制作，这时教师说："你们吃的比萨是什么形状？都吃过哪些口味？上面都撒了哪些东西？"幼儿与教师共同讨论后，马上付诸行动开始制作。他们先把彩泥做成扁扁的圆形，然后将其进一步制成大家最爱吃的夏威夷比萨。在这过程中，小朋友有的制作奶酪丝，有的制作西红柿片，有的制作肉片，忙得不亦乐乎。最后幼儿非常有成就感地与其他组分享了他们的成果。后来有幼儿提出既然有蛋糕、面包、比萨，就应该还有烤箱，于是大家纷纷制作起来（图4-37）。

分析

分组合作提升了活动效率。幼儿一步步充实蛋糕房内的材料，从收集、摆放到操作无不体现幼儿间的协商与合作。

图4-37　我们做的蛋糕

活动四：东西怎么摆放合适

蛋糕房的食物制作完成。由于食物做得很多，所以出现随意摆放现象，货架上乱糟糟的。于是教师提出整理的要求，幼儿纷纷发表自己的看法。晨晨说："按照颜色来放。"丽丽说："我觉得应按照大小来放。"华华说："小的放上面，大的放下面。"珊珊说："不对，相同东西应放一起，店里就是这样放的。"珊珊的说法得到大家认可。珊珊继续说："蛋糕最小放在第一层，面包其次放在第二层，比萨最大放在第三层。"姗姗边说边和丽丽摆放起来，不一会儿就把货架整理得井井有条。小朋友们见此情景都拍手叫好(图 4-38)。

分析

幼儿就如何摆放蛋糕的问题彼此分享了各自的想法。他们根据实际生活经验，选择了最实用最适合的方式进行摆放。教师在鼓励幼儿自由表达的同时，还应让幼儿自己去分析、判断、选择，找出最合适的解决办法。

图 4-38　整洁有序的蛋糕房

活动五：我是售货员

蛋糕房开张几天以后，我发现卖东西的售货员不知如何与顾客交流，为此我组织了这次讨论活动，目的是让幼儿了解如何做好一名合格的售货员，如何与人交流沟通。我问："售货员应该怎样和顾客交流？"小朋友们各抒己见，但内容不够完整，于是我让幼儿再现了蛋糕房买卖的场景。丽丽扮演收银员，点点扮演服务员，琳琳和欢欢扮演顾客。丽丽和点点互相配合整理蛋糕房后，两个人都处于工作状态。琳琳扮作顾客，第一个进来买东西。她拿起一个三明治就问丽丽："这个多少钱？"点点说："这个 5 元钱。"丽丽着急地说："我是收银员，点点你应该去接待顾客。"点点上前接待琳琳。琳琳拿着银行卡刷卡付账之后高兴地离开了。欢欢进入蛋糕房，点点主动迎接上去，微笑着问道："欢迎光临！有什么可以为您服务的？"欢欢说："我想买蛋糕。"点点问："您需要什么样的蛋糕？"……两人在互动问答中完成买卖游戏。欢欢付给丽丽钱后也高兴地离开了。全体幼儿对这个游戏活动都表现出较高的热情，纷纷举手表示想参与。

分析

从活动中可以看出，幼儿通过实地参观和日常生活经验，已有了初步的买卖经验和合作意识，但对如何分工合作和蛋糕房工作人员的工作职责并不是太清晰，需要通过延伸活动给予他们支持，以明确各角色的职责。在这个游戏活动中，收银员主要负责收银，服务员主要负责接待和推销，顾客可以挑选商品、付款。游戏活动需要幼儿具备自由组合和分工合作的能力。

蛋糕房活动开展已经有半年时间了，依然深受幼儿喜欢。游戏情境经常随着幼儿生活经验的丰富而改变。在活动过程中一些幼儿的性格也随之发生了转变，他们愿意与同伴相互商量，友好交往，并能接纳同伴的建议。

第一，动手动脑，获得成功感。角色区材料的准备过程中，教师本着尊重幼儿的原则，鼓励幼儿动手动脑，制作蛋糕、面包、比萨。幼儿在把握形状、设计样式、搭配颜色上都有了很大进步。当他们看着自己制作的甜品被客人选走时，特别开心。

第二，发现问题，共同解决。活动过程中教师与幼儿不断地发现问题并解决问题。店里生意不好怎么办？幼儿提出可以用叫卖的方式或者摇动小铃铛来吸引客人，当然还要不断地推出新产品，提高顾客的购买欲望。在这种宽松的氛围中，我们共同发现和解决游戏中的各种问题，乐此不疲。

第三，大胆表达，自信心增强。在活动中，多数幼儿活动情绪高涨，善于交流。但也有个别幼儿个性内向，不善于表现和表达，教师于是用多种方式去鼓励他们参与游戏，使其体验其中的快乐。在后期的蛋糕房游戏活动中，幼儿为争当角色而表现出积极、自信的状态，使角色区游戏变得更加有趣、有序。

教师抓住幼儿在园的各个活动环节，为其创设了一个接纳、关爱和支持的良好环境，为其提供了人际间相互交往和共同活动的机会和条件。

9. 爱心医院

苏　雪

背景

幼儿在与成人和同伴的交往过程中，不仅在学习如何与人友好相处，也在学习如何看待自己、对待他人。社会性的良好发展对幼儿的身心健康和其他方面的发展都具有重要意义。医院是幼儿生活中较为熟悉的场所，幼儿相关的经验非常丰富。为了让幼儿更加熟知医院医生的工作内容，以及体验病人看病的经历，我们在班级里开展了小医院角色区活动，幼儿可以根据自己的意愿去扮演自己喜欢的角色，自主进行游戏。

目标

让幼儿了解医生、护士、病人等角色，体验当小医生的自豪感、当病人被人照顾的温暖感；让幼儿熟悉医院里面看病的流程，能自觉遵守游戏规则；让幼儿能够清晰表达自己想要扮演的角色，能明确分工，学会同伴之间的相互合作。

过程

活动一：爱心医院的诞生

在娃娃家活动点评时间里，幼儿都在谈论自己的游戏情况。金金看起来很沮丧，因为在游戏中，她的娃娃生病了，由于没有找到医院，导致宝宝的病没有被看成。考虑到班级娃娃家旁边还有一块空间，于是我对幼儿提议说，我们不如在娃娃家旁边开一个小医院，这样可以很好实现两个区域之间的互动，幼儿听了都很开心。可是我们应该怎么开呢？首先我们要给它起个名字。一个小朋友提议："医生最有爱心了，叫爱心医院吧。"其他幼儿听了，都非常赞同，就这样，我们的爱心医院诞生了。

之后我又和幼儿一起讨论了有关医院的游戏内容。幼儿能说出很多，例如，医生要穿白大褂，要有听诊器，要有压舌板；护士要会打针等。活动开展前的讨论实现了幼儿之间的经验共享，为游戏开展做好铺垫。

分析

角色游戏的活动内容源自于幼儿的生活经验。他们把生活中接触的情景迁移到游戏中。为了能够让幼儿表现得自信、自主，教师应从幼儿的日常生活中提取他们需要的区域活动，让幼儿能够自主进行角色游戏。中班幼儿已经对区域活动有了一定的了解和想法，在角色服饰方面也有了一定的认知，如医生要穿白大褂等。征求幼儿的建议，给幼儿提供材料的支持，能够激发幼儿活动的兴趣，促其更加深入开展后面的游戏。

活动二：我用什么给你看病呢？

有一天在活动区，我捂着肚子去小医院看病。到了医院后，我有气无力地说："大夫，快来给我看看病吧，我的肚子好疼啊。"医生听了后，赶忙走过来，抱住我说："别怕别怕，我来帮你瞧一瞧。"说完就把小耳朵贴在了我的肚子上，听完了以后，还用手指代替了体温计放在了我的胳膊下边，说是给我量一量体温。旁边的小朋友看着就说："哎呀，医生都是用听诊器的，咱们没有，只能用假的了。"别的小朋友一听，也附和着说："是呀，还得打针呢。"我听了以后，觉得大家说得很有道理。现在幼儿只有服饰可以作为游戏材料，为了让游戏情景更真实，还需要更丰富的游戏材料（图4-39、图4-40）。

分析

为了让幼儿进一步了解和熟悉医院里面的人员、设备，我们组织幼儿观看了关于医院方面的图片，从中幼儿更加直观地认识了医院里的多种标志所代表的含义。观看图片过后，我们播放了医生、护士平时工作的视频，又请幼儿来说一说医院里的工作人员都需要哪些医疗设备，这样能够让角色游戏更加贴近生活，以促进幼儿游戏的顺利开展。最后我们将所需医疗设备进行汇总，如听诊器、针头、输液瓶、药箱、照明灯、消毒水、棉签、拔牙器等。为了更加方便医生工作，我们把不同种类的医疗器械分别放在不同的盘子里，这样一来，大家都清晰地看到物品的摆放，看起病来也更加方便了。游戏应让幼儿自主提出活动区需要的东西，增加幼儿的主人翁意识。游戏中，发言的过程促进了幼儿之间的沟通，锻炼了他们的语言表达能力，使其能在愉悦、轻松的氛围下开展游戏活动。

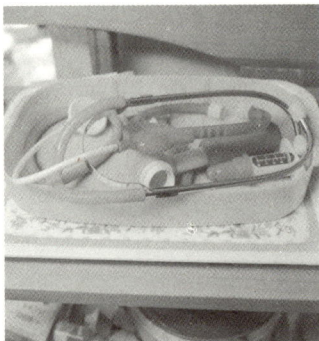

图 4-39　医院用具

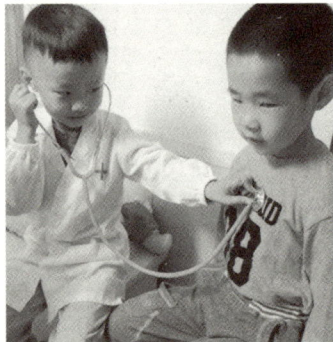

图 4-40　我给小朋友看病

活动三：我是文明的小病人

活动区活动开始没多久，就传来了一阵阵争吵的声音。我连忙走过去一看，原来是医生和病人吵了起来。"我先来的，我的肚子疼。""你看，我的手都'坏'了，医生先给我看病，你起来。"几个小朋友叽叽喳喳吵个不停。我连忙问："发生了什么事情呀？"坐在一旁的医生说道："老师，他们都生病了，可我不知道先给谁看了。"原来是因为今天选择角色游戏的小朋友比较多，病人多医生少，这样一来，当小医生的小朋友不知道该给谁看病了。我安抚病人们说："这里是病人们看病的地方，如果我们大声吵闹，医生看不了病，还会影响其他的病人。我们想一个办法，怎么样才能让大家都看上医生呢？"幼儿听完后，扮演病人的壮壮说道："我妈妈都是先去买挂号本的。"大家一听也都争相恐后地把自己知道的说了出来（图4-41、图4-42）。

分析

幼儿之所以会有争抢的现象，是因为大家都是自由地去看病，没有遵守游戏规则的意识，不知道先去干什么再去干什么。为了能够解决这个问题，我们请家长带领幼儿去医院参观，又进行了图片宣传和视频讲解，从而让幼儿更加清晰地知道看病的流程。我们制作了医院看病流程的指示图，这样一来，病人们都按照流程去看病，非常有秩序，也不会因为先给谁看病而争吵了。通过这个活动，幼儿更加明白了遵守规则的重要性，也在此过程中树立了规则意识。

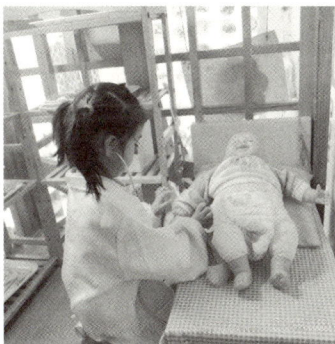

图 4-41　给娃娃看病　　　　　　　图 4-42　等待取药

活动四：没有病人的医院

活动区活动时间，小医院来了四位小朋友。他们全都不约而同地穿起医生的衣服，戴起医生的小帽子，并且有模有样地摆弄着医药箱和听诊器，但是这个医院里面还没有病人来看病。我看着小医生们忙来忙去的样子，就问：

"你们都在做什么呀?"一个医生说:"我在整理药品。"我听后回答他:"那你真是个负责任的小医生。可是我发现,咱们的爱心医院没有病人来看病呀?"幼儿一听,你瞧瞧我,我瞧瞧你,都不说话了。过了一会儿,一个小朋友小声嘟囔了一句:"一定要有病人吗?"我听后,并没有急于回答。这时,另外一个小朋友说:"对呀,咱们都是医生,没有病人怎么行?"这下大家可七嘴八舌说开了:"那就没有病人呗,大家都当小医生。"这时候,坐在一旁的小护士说:"不行,不行。没有病人给谁看病啊。"幼儿一听,都不说话了,看来大家也意识到了这个问题。这时候,我对幼儿说:"是呀,小护士说得对,没有病人我们的医院还怎么营业呀?你们想一想,今天为什么没有病人来呢?"挂号的医生然然说:"因为今天没有人扮演妈妈,所以不能抱着小宝宝来看病。"原来是这样,我听后对幼儿说:"既然是这样,有没有什么好的办法,没有宝宝看病,大人也是可以的呀。今天的医生这么多,你们快动脑筋想一想。"幼儿一听,你看着我,我看着你,忽然都说道:"要不然我们交换吧,我们轮流当小病人不就好了。"大家一听,全都赞成,我也附和着说:"这个办法真好,轮流当医生和病人,既解决了没有病人的问题,还让每个人都体验了不同的角色。"幼儿听完后,都兴高采烈地继续游戏了。

分析

虽然医生们都在各司其职地做自己的工作:挂号台的医生正在写他的挂号记录;拿药的医生正在整理他的药品;看病的医生正在收拾他看病用的医疗器械;还有负责给病人们打针的小护士站在自己的岗位上擦拭着针管、输液瓶。但是我们的医院却面临没有病人的问题。不过,教师没有直接干预,而是尊重幼儿的游戏自主性,通过引导让幼儿用轮换、等待、协商的方法解决问题。

爱心医院就这样融入了幼儿的生活中。每天都会有不同的小朋友选择去爱心医院当医生。此次活动的开展循环渐进,不管是从道具的准备,还是从内容的创设,我都给幼儿创造了一个我想、我设计、我做的环境氛围。随着幼儿年龄的增长和认知水平的提高,进医院给病人看病成为了幼儿乐此不疲的事情,病人们也很享受被别人照顾的感觉,有时候也会在医生不注意的时候,偷偷地碰一碰医疗器械,满足一下好奇心。幼儿都深深地被角色吸引,更加喜欢上角色游戏。

第一,主题源于生活。爱心医院是围绕幼儿较为熟悉的主题建立的,爱心医院很适合中班幼儿的需要。

第二,建立规则意识。爱心医院结合生活实际,帮助幼儿了解游戏的规则,体会规则的重要性。

第三，角色扮演中的角色分配。中班幼儿需要发展合作意识。在爱心医院的活动中，人员的分配、工作的不同都是幼儿之间相互沟通、相互合作的重要体现。从最开始大家一团乱地去玩，到后来大家分工明确，根据自身需要或者与同伴的协商，选择自己想扮演的角色，这样就提高了幼儿的合作能力。

第四，环境的创设。爱心医院的创设，不管是从道具上还是环境上，都遵从了合作性与可操作性原则。中班幼儿在和同伴一起游戏的时候，不仅能够自己玩，还可以同时照顾其他的伙伴。在游戏中，我们的道具能够满足幼儿分配不同角色的需要。幼儿在不同的角色中进行沟通交流，然后可以互换角色，体验扮演不同角色的快乐。在爱心医院，我们又提供了真实的听诊器，以及较为真实的针头、体温计等医疗器械，这样不仅是为了从材料上吸引幼儿的参与，更是为了让幼儿能够持续进行操作，使角色活动不断丰富和深化。幼儿通过摸、闻等方式体验道具使用的乐趣，让操作更有趣味性。

10. 美发造型屋
吴宪丽

背景

中班幼儿自我意识增强，自我认知更加深入，也很关注自己的外貌。中班幼儿也有一定的角色经验，喜欢并有乐趣去参与角色游戏。上个学期我们开的是理发店角色区，幼儿还是很感兴趣的，每天来到理发店的人都很多。幼儿已经能够掌握理发的流程，能够遵守理发店的规则进行角色游戏，也有一定的角色意识。但是最近两周我发现幼儿来理发店的次数越来越少，有一天竟然一个人都没有。在活动区点评的时间我和幼儿进行了沟通。幼儿说："总是洗头发、剪头发，觉得没意思。"听到幼儿的话后，我知道幼儿的兴趣点转移了，理发店的角色游戏已经不能满足幼儿的游戏需要了。那怎么做才可以增加难度，让幼儿重新投入到角色区的活动中呢？

目标

让幼儿了解造型程序，尝试给顾客做造型；让幼儿根据不同的角色彼此交流，互助合作；让幼儿学会协商分配角色，能与同伴联合游戏，遵守游戏规则。

过程

活动一：美发造型屋的由来

班里有的女孩头发比较长也比较难打理，但每天还是梳着各式各样的发型来到幼儿园。听说小区里的课外班教师免费给幼儿梳头发，班里留着长头发的琪琪有一天跑过来特别兴奋地跟我说："老师，你看我的发型好看吗？我想下午也梳个发型。"这时我心中有些犯难，因为自己确实不会梳这个发型。不过我还是回答："我可以试试看。"经过这次之后，更多的女孩子梳着各式各样的发型来到幼儿园。可是下午起床后的时间并不够给每个幼儿梳漂亮的发型用。我想这可怎么办呢？于是我和幼儿一起讨论，讨论的结果是，在原来美发屋的基础上增加新造型。商量好之后，我们又为改名的事讨论起来。乐乐说："现在加了造型内容，那就叫美发造型屋呗。"其他幼儿也取了很多的名字，所以我们就进行了投票，最后美发造型屋在投票中胜出，新店就取名为美发造型屋。

分析

幼儿是活动的主人，要尊重、支持幼儿的游戏想法和选择。当幼儿对理发店不感兴趣时，教师要了解幼儿的想法并与幼儿讨论背后的原因。通过共同协商，我们通过了美发造型屋的提议，用民主投票的方式给店起了新名字，并制定了游戏规则。

活动二：男孩子的美发造型

在有了创设美发造型屋的提议之后，幼儿就特别兴奋也特别期待美发造型屋的开业。这一天乐乐跑过来对我说："老师，老师，我们什么时候才能自己做造型呢？"我回答道："还没准备好，需要你们的帮助。"这时更多的幼儿被吸引过来，齐声问道："需要我们帮什么忙呢？""你们觉得，美发造型屋开业需要什么呢？"这时幼儿就打开了话匣子，开始争先恐后地发言。明明说："我在电视上看到造型师都要用很多装饰，我可以把自己的漂亮发卡带来。"小杰说："老师，我是男孩子，头发短不能梳辫子怎么办？"随着这一声发问，其他男孩子也都用力点点头，说："那些女孩子都可以编辫子，戴发夹，我们是男孩子不能带，一点也不帅气，我们不愿意去。"我听着幼儿的讨论说道："我们可以为男孩做些什么呢？开动脑筋想一想。"幼儿沉默了。这时，我拿出在一家造型店拍的小视频和幼儿一起来分享。在观看之前，我提问道："看一看大哥哥造型师他们使用了什么办法？"在观看视频的过程中，幼儿特别认真。观看过后，男孩子纷纷举手想说一说自己看到的办法。小杰把手举得高高，迫不及待地说："我爸爸的发型是一边头发多，一边头发少。"我说："哦，原来是侧分的发型，对吗？"小沫说："我看到叔叔给男孩子梳了不一样的发型，一会儿头发向这边偏，一会儿又向那边偏。"我说："说得很准确，那是在给男孩子做造型，下次你们也可以试试。"小翼说："我还看到最后发型师戴了墨镜和帽子，显得很帅气，我家里就有，我可以带来。"说完后看上去一脸的骄傲。我总结道："谢谢小翼能跟我们分享他的看法，他观察得很细致。除了不同的发型，我们还可以利用一些装饰品让我们看上去很帅气，对吗？"男孩子们频频点头，开心地说道："那我也愿意去美发造型屋试试。"（图 4-43）

分析

通过讨论，我们共同准备了美发造型屋需要的材料。男孩子说出自己不愿意去美发造型屋的原因：不适合男孩，不知道怎么装扮。这时，我借助视频，提出问题让幼儿在观看的过程中去思考，最后在大家的共同努力下想出了解决办法。视频资料增加了幼儿的经验，也进一步让幼儿了解了男女孩在装扮上的差异。幼儿做出的判断和行为与自身的经验有关，教师要关注幼儿的情绪，注重彼此间的差异，了解他们的需要并给予适当的关心，通过创设适合幼儿的游戏条件，让每个幼儿都参与到游戏中来。

图 4-43　我喜欢的发型

活动三：美发造型屋开业啦！

经过上次的讨论之后，幼儿从家中收集了很多的装饰品，包括女孩子喜欢的各式各样的夹子、头花、皮筋等，男孩子喜欢的发型图片、帽子、墨镜、领带等。我们还共同商讨了游戏规则。在幼儿的期待下，我们的美发造型屋终于开业了！刚开始有很多小朋友都想来当造型师，因为人数太多，我就让幼儿思考了一下，造型师都要做什么，谁能说出来并能够做到，我们就请他来当，可以吗？幼儿纷纷同意。最后大家推荐了琪琪小朋友，因为她说得很具体。她说："地上周去了造型馆，叔叔就是这样子做发型的，先洗头梳理，然后再进行装扮。"然后我追问道："造型师一个人够吗？"她说："我可能还需要一个助手，我去的那个店就是每个造型师都有一个助手。""那助手要做什么呢？"琪琪大声说："听我的就好啦，我需要帮助会叫他的。"

在活动区活动开始之后，我走到美发造型屋里，发现琪琪正在给圆圆设计发型。她问圆圆："你想要什么样的呢？"圆圆低着头思考了一下，指着墙上的一个低马尾的发型说："我不想梳两个，我想梳一个，就那个吧。"琪琪指着图片上的发型说："是这个对吗，好，你稍等。"她把两个圆圆的皮筋拆下来，左手拿着头发，右手拿一根皮筋把头发捆上，用了很长时间。但是圆圆笑得很开心，应该是很满意的。最后她还帮圆圆找到一个花夹子夹在头上。今天还有很多人都找琪琪设计过发型，最后在点评的时候我们也请做过发型的幼儿进行了展示：有一个马尾的，有两个辫子的，有散着头发的，男孩子头发是立着的。幼儿从表情上看都特别满意。最后我问小朋友："除了琪琪做的发型，你们能不能把你想要的发型画出来？这样我们就可以制成一个发型小册子，放在造型屋内供小朋友们选择。"大家点点头，高兴得动起笔来(图4-44)。

分析

美发造型屋开业了，我们进行了试营业。因为是第一次开业，幼儿的情绪十分高涨，每个人都想当造型师。于是我用提问的方式让幼儿了解角色内容并有序地进行游戏："第一次当造型师的小朋友一定是非常熟悉造型师的工作内容的，不如我们用竞选的方式选出造型师吧。"幼儿拍手欢呼起来。最后琪琪当上了造型师。通过竞选活动，幼儿对发型有了一定的了解。教师要善于创造幼儿间相互学习的机会，让他们在交流中增长知识，解决问题。

琪琪给很多小朋友做的发型在最后的时候也进行了展示。为了保留好看的发型，幼儿提议可以将发型图案做成一个小册子，就和理发店里的一样，这样客人可以自愿选择，造型师也可以给顾客推荐。就这样，美发造型屋开办起来了，每天都有客人来。

图 4-44 我做造型师

活动四：热情的理发师

角色游戏开始了，源源小朋友选择到美发造型屋去做理发师。没想到平时做事不够耐心的他，今天为顾客美发却特别有耐心。他一会儿拿着推子给客人理发，一会儿洗头，洗好了还用吹风机为客人吹了一下，干得有模有样，俨然一位真正的理发师。忙活了一阵，造型屋里没有顾客了，只见源源小朋友来到门口，吆喝了起来："快来理发呀，这里用很香的洗头膏洗头，还可以免费做发型。"可吆喝了半天，还是没有客人上门。这时，他发现我在门口看着他，就立即跑过来对我说："老师，你到我的店里来洗头吧，在我店里洗过的头发是很香的，还能做发型。"盛情难却，我跟着他来到了美发造型屋。他认真地帮我洗头、吹风，一边洗还一边问我："香不香？"我连忙说："嗯，真的很香。"

分析

源源小朋友平时活泼好动，有着较强的语言表达能力，而且非常善于交往。从他在游戏活动中的表现，我觉得他的游戏水平明显提高了。当店里没有生意时，他会自己动脑筋想办法，把生活中的一些经验融入游戏中，在自家店门口做广告招揽生意。在门口做宣传没有效果时，他也没有轻易放弃，而是继续尝试着做宣传。终于，功夫不负有心人，我这个顾客的到来满足了他迫切想为大家服务的愿望。其实在游戏刚刚开始时，我就一直关注着他。当看到他做了广告还是没有顾客光顾时，我没有及时介入，而是站在稍远的地方观察着，看看这个小机灵还会使出什么招数。事情的发展证实了我的"放手"很明智，他用自己独特的方法解决了问题。

第三节 大班角色区活动案例及分析

1. 欢乐小学

石俊丽

背景

临近毕业，大班的幼儿即将迈入小学的大门，如何帮助幼儿尽快适应小学的生活，是幼小衔接工作的重点。参观小学活动结束以后，幼儿回到幼儿园，不由自主地兴奋地讨论起来。"我喜欢小学的教室，我觉得里面的桌椅特别整齐。""我喜欢小学的大操场，我觉得操场特别宽敞，我可以在操场上跑来跑去。""我喜欢上英语课，我也会说好多英语单词。"在幼儿的讨论中，我感受到了他们对小学的向往，也已经在心理上做好了成为一名小学生的准备。为了进一步做好幼小衔接工作，激发幼儿做小学生的愿望，班级决定开展了欢乐小学角色区游戏活动。

目标

让幼儿能积极参与角色区游戏活动，明确自己所扮演角色的职责，并能坚守岗位；让幼儿能自主选择角色，学会用协商的方法分配角色，学会分工合作，分享游戏的快乐，发展交往能力；让幼儿了解小学生的学习环境和校园生活，愿意尝试扮演角色，体验小学生活，萌发上小学的愿望；让幼儿自觉地形成按要求归类、摆放和收拾游戏材料的意识和能力。

过程

活动一：我们是小学生

幼儿为小学取名为欢乐小学，他们希望自己将来每天都能快快乐乐地去上学。这里是幼儿感兴趣的地方。他们喜欢到这里来扮演小学生，仿佛真地走进了小学的课堂。

这天，幼儿又像往常一样来到学校。萱萱手里拿了一些书，她将书放到桌子上。这时乐乐也走了进来，看到桌子上的书，好奇地翻看起来。萱萱神气地说："这些书是我带来的，是我姐姐以前用过的小学课本。我姐姐现在已经上二年级了，我马上也要上小学了。你看这是语文书，这是数学书，这是英语书……"萱萱为乐乐一一介绍着这些小学课本。两个幼儿认真地翻看着这些课本，并不时地读着书上的字，眼神中充满了好奇与向往。此时，兢兢也来到了学校。只见她手里拿了一个袋子，不知道里面装了些什么。萱萱和乐乐都很好奇地走了过去。兢兢从袋子里面拿出了一盒粉笔说："这是粉笔，我看到小学老师在上课的时候都用粉笔写字，我就把家里的粉笔带来了。"幼儿看到粉笔特别开心，纷纷拿起粉笔在小黑板写字、画画。接着又来了两个小朋友，他们带来了田字格本、铅笔、书包等。

幼儿看到这些物品开心极了。"太好了，我们有这么多小学生的用品，以后我们就可以来欢乐小学上学了，我们现在就是一名小学生了。"几个幼儿边说边高兴地拍手笑起来。

活动二：我是小教师

小课堂的教室里坐满了小学生。小分是今天小课堂的教师，负责教语文。她不停地在黑板上写着字，一边写，还一边念。每个小学生的桌上都有一支笔和一张纸，教师写一个字，小学生们也跟着写一个字。

这时坐在后排的雯雯站起来说："老师，你写的字太小了，我有点看不清楚。"小分老师听见了，马上将黑板上写的字擦掉，又重新写了一遍。可是，字才刚刚写好，小分就发现还是很小，于是又重新擦掉再写，写了多次才写得总算大一点了。她转过身问雯雯："这样行吗？"雯雯看老师写了这么久才写好，于是就点点头说："好吧！"小分看雯雯说得有点勉强，就走到他的身边问："看得见吗？"这次，雯雯很肯定地说："看得见。"于是，小分老师又继续开始上课了（图 4-45、图 4-46）。

图 4-45　我是小教师　　　　　　　　图 4-46　玩上课游戏

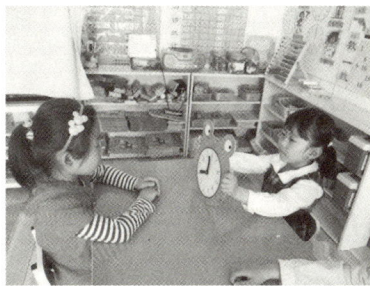

活动三：我们都来当教师

区域活动时间，幼儿搬着椅子争先恐后地来到学校。当当将小黑板搬了过来，并戴上眼镜，拿了一支粉笔说："今天我来当老师，我要给同学们上课啦，请同学们都坐端正。"当当边说边在黑板上写起了字。兢兢着急地说："当当，你昨天就当老师了，今天该我当老师了，该我给同学们上课了。"听了兢兢的话，一诺也在旁边着急地说："我也想当老师，我还没当过老师呢。"三个幼儿就这样争论着，互不相让。这时萱萱来到学校，看到三个小朋友在争论就说："哎呀，你们三个不要争了，我们都可以当老师。我姐姐的班里就是这样，他们有语文老师、数学老师、英语老师还有体育老师，有好多老师呢。""那我们都来当老师，谁来当学生呢？"兢兢问。萱萱想了想说："我们可以轮流来当老师，一个老师在上课的时候，我们其他人就当学生。"听了萱萱的话，幼儿都高兴地拍手说好，于是当当说我要当语文老师，兢兢说我要当英语老师……幼儿开心地玩起了上课的游戏。

活动四：学校来了一位小客人

前几天有一位去年大班毕业的幼儿静静给教师打来电话，兴奋地告诉教师她现在的生活以及学习状况。她向教师汇报，她已经成为了一名光荣的少先队员，而且学习成绩特别好，总得到教师的表扬。教师在祝福这个幼儿的同时，脑子里面突然有了一个想法：把这名小学生请到我们班级的欢乐小学，让她为我们的幼儿讲一讲小学的趣事，一定能够激发幼儿上小学的愿望。

第二天，区域活动开始后，幼儿纷纷来到了学校，坐姿端正地等着这位小姐姐的到来。当这位小姐姐来到学校之后，所有的幼儿都特别激动。"小姐姐小姐姐，你上几年级了？你们的学校有大操场吗？"阳阳迫不及待地问道。"小姐姐，你们上学要戴红领巾吗？你们有没有电脑教室？"甜甜问道。其他幼儿也都争先恐后地要问问题，眼睛里面充满了好奇。静静同学首先给幼儿介绍了小学是什么样子的，和幼儿园的不同之处，随后又和大家一起分享了小学的课堂常规。例如，上课要坐直，不能趴在桌子上听课，回答问题要先举手，不能随便讲话等。当看到有的小朋友没坐好的时候她还以身示范纠正大家的坐姿。接着她又向小朋友展示了在学校学到的才艺——吹口风琴，还教小朋友们玩了小学的体育游戏——传球。幼儿玩得特别开心，听得十分认真、仔细。随后，小朋友又争先恐后地提问，静静为他们做了解答。会场气氛相当热烈，也充满了温情，令人难忘（图4-47、图4-48）。

图 4-47 小学生带我们做运动

图 4-48 整理书包

分析

幼儿参观完小学后对小学生活更多了一份向往和期待，同时也初步了解了小学的学习和生活。当欢乐小学的角色游戏开展以后，幼儿都喜欢到这里来玩，可见幼儿渴望成为一名小学生，希望学到更多的知识和本领。但是他们却发现学校里面什么都没有，于是幼儿提议可以自己去收集一些小学生的学习用具。有的幼儿就将哥哥姐姐的课本带到了幼儿园。幼儿齐心协力，共同收集材料，体现了幼儿之间较强的合作意识和解决问题意识。当幼儿得到这些游戏材料的支持后，幼儿的游戏兴趣就更高了，也为后面的角色扮演提供了帮助。

游戏中遇到一些小小的问题是很正常的。有的是材料使用上出现问题，有的是同伴合作时出现问题。幼儿很自然地以游戏角色中的身份提出问题，并且最后又是在游戏角色的努力下解决问题。从问题的提出到问题的解决，幼儿都没有脱离自己的游戏角色，这是非常成功的。这其中，我看到的是幼儿对游戏的热爱，以及游戏中幼儿的合作和谦让。首先是雯雯，当她碰到问题时，她能坚持自己小学生的角色很有礼貌地向教师提出问题。这时，雯雯的角色意识是非常强的。其次，当小兮老师收到小学生的建议时，她能马上想办法进行改进。可是由于能力的有限，写了一次又一次，她的认真和投入也是非常不容易的。最后，游戏各方能互相了解和包容，使得游戏能顺利地继续进行，由此体现了大班幼儿的合作意识和能力。

游戏中，幼儿对于教师这一角色充满好奇与向往。他们觉得教师是神圣的，每个幼儿都渴望扮演这一角色，但往往在角色扮演中会产生一些冲突。那么当幼儿在角色分配中无法与同伴达成一致时，我们又该如何对幼儿加以引导呢？大班幼儿已经有了初步的解决问题的能力，教师可以先静观其变，观察幼儿之间的语言及行为的变化，给幼儿自己解决冲突的时间和空间。如果需要教师的介入，教师也要本着公平公正的心态去帮助每一位幼儿。

幼小衔接工作是大班第二学期的重点工作之一。教师组织活动若仅仅按成人的经验和意图设想问题、提出要求，必然与幼儿的所思所想存在差距。这时候我们务必要多了解幼儿的需求，留给幼儿独立思考、质疑的空间，激发其上小学的愿望，消除其对将上小学的心理压力。我们把小学生请进了班级，和幼儿零距离接触。大班小朋友纷纷将自己对上学后的疑问和感兴趣的事向大姐姐提出来，大姐姐都认真做了回答。通过本次座谈活动，幼儿减少了对小学的陌生感、神秘感，对小学的环境有了初步的印象，激发了他们对小学生活的美好向往和当小学生的愿望。

通过角色区欢乐小学活动的开展，幼儿不仅了解了师生之间的角色分工，认识了小学的课本文具，还模仿了小学生的坐姿，学会了自己整理书包，解决了与同伴之间发生的一些冲突。这些都为幼儿上小学打下了良好的基础。

2. 快乐家庭区

郭丽华　芦　月

背景

新学期开始，幼儿升入大班。考虑到幼儿在小班和中班都进行过娃娃家游戏，于是我们提议大班应调整角色区内容。结果出乎意料，幼儿都不同意。橙橙大声说："自己最喜欢家里的人，也最喜欢和家人一起做事，喜欢系爸爸的皮带，喜欢像爸爸一样腰间挂一串钥匙。"其他小朋友也纷纷表达了自己对爸爸妈妈以及其他家人的喜爱。于是我们尊重幼儿的建议，继续保留了原来的娃娃家。但是由于进入大班了，幼儿的游戏内容已经不仅仅限于照顾娃娃了，于是我们将之改名为快乐家庭区。

为了进一步了解幼儿的游戏兴趣，以便有针对性地进行环境的创设，我们继续问幼儿："在家里喜欢和爸爸妈妈做什么事情？"幼儿说出很多的内容，比如，喜欢穿妈妈的裙子，喜欢抹妈妈的口红，喜欢玩游戏机，喜欢走亲戚，喜欢和爸爸妈妈一起旅游，喜欢一家人到公园玩，喜欢和爸爸妈妈看表演，喜欢和爸爸玩游戏等。

结合幼儿的兴趣点，我们在将中班的娃娃家调整、扩展为大班的家庭区时，从规模上、材料提供上都进行了全面的扩展与丰富。我们保留了原来小阁楼的宝宝屋，增加了爸爸的皮带、领带、公文包、电脑包，妈妈的高跟鞋、丝巾、塑料墨镜、眼镜、手机、行李箱、笔和本。此外，还增加了各类厨房用具，如电饭煲、小型煎锅、菜板、做饭围裙等。家庭区被布置完毕后，焕然一新，俨然一个真实的家庭。不仅如此，我们还增加了一个装扮区，提供了各种服饰，如警察帽子、各类头饰、白大褂、快递服等，为幼儿进行角色装扮提供更多选择。此外，我们将班级内原来的表演区也融入大的家庭区内，由于空间足够大，家庭区不限制进区人数。

目标

让幼儿扩展对家庭角色的理解、认识；让幼儿能主动积极地反映并创造性地展现家庭生活；让幼儿愿意接受同伴的建议和意见，能与同伴通过协商、交流进行角色的分配与游戏内容的选择；让幼儿能发现游戏中存在的问题，并利用同伴的力量共同解决游戏中存在的问题。

过程

活动一：家庭区里的小风波

随着家庭区的"改造"完成，大三班家庭区正式迎来第一批小朋友。看着焕然一新的区域，好多幼儿争抢着冲进来，但是这么多人怎么分配角色呢？小胜抢先一步提出自己当爸爸的愿望，安妮紧跟其后提出当妈妈的要求，而安安、豆豆也都想当妈妈，这可怎么办呢？幼儿游戏的热情被眼前的问题一下浇灭了。我走到他们面前启发说："我们身边有很多我们喜欢的家庭成员，不是只有爸爸和妈妈，谁能想到更多自己喜欢的家人？"安安恍然大悟，主动选择了小姨角色，成为妈妈的妹妹，而个子矮小又瘦弱的豆豆在听从大家建议后，选择了姐姐角色。

在后来的游戏中，幼儿都非常喜欢选择姐姐这个角色，人多的时候姐姐又会分成大姐、二姐、三姐，这些都是幼儿自己商量、自己选择的结果。她们认为，姐姐这个角色很重要，不仅可以帮助爸爸妈妈照顾弟弟妹妹，为爸爸妈妈做蛋糕，给爸爸妈妈表演节目，还可以到小学校学习本领，能做的事情非常多。

分析

随着年龄的增长，幼儿对于社会角色的认知更丰富了。虽然面对角色的分配幼儿之间还是有争执，但是他们也已经具备了通过协商来沟通交流的能力。当幼儿面临冲突时，我没有置之不理，也没有通过教师的力量进行角色的引导，而是通过启发调动幼儿自己想办法解决问题。随着幼儿游戏经验的增加，分配角色时幼儿会更加自主和自然，对于家庭角色的认识也会越来越丰富。

活动二：家庭出游计划

今天的角色区活动按时开始。吃过早饭后，心急的幼儿就来到活动区做活动准备。他们首先商量了今天的角色分工和游戏内容，之后就开始分工明确地忙碌起来。这时爸爸很有气魄地召集一家人聚到一起说："假期我爸爸妈妈带我去马尔代夫旅游了，真是太好玩了。要是我们一家人也能一起去上海旅游该多好？"大家都很赞成这个计划，但是这时姐姐提出困惑："去上海旅游需要提前预订，而且需要坐船，我们没有怎么办？"妈妈在班级四周溜达了一圈，突然有了主意。她拉着爸爸的手走到建筑区，和建筑区的幼儿商量，是否今天不再搭房子，而是帮助他们用积木建造一艘大的海上游轮，这样一家人就能坐船出游了。建筑区的幼儿刚开始不同意。但是当爸爸提出给他们付费并到取款机取了钱给他们后，他们同意了，开始商量着建造起船来。

之后一家人回家来整理行李箱，准备出游需要的用品。爸爸和妈妈收拾出行用品，并装到行李箱里。姐姐跑到美工区，请求美工区的小朋友帮忙制作了点心带回家，方便家人外出时食用。收拾完毕，一家人跑到建筑区看游轮搭建情况，爸爸还提出了加长游轮船体的建议，因为一家四口都要有座位，才能实现全家出游的愿望。搭建完毕，爸爸张罗一家人坐上游轮，安排不同的角色坐到不同的位置，即爸爸坐前面，妈妈带着宝宝坐在爸爸旁边，姐姐则坐在第二排。准备停当，一家人开开心心地开始了美好的海上旅行。

分析

随着幼儿生活经验的丰富，他们的游戏内容也越来越丰富。全家出行几乎是每个幼儿都经历过的、喜欢做的事情，在游戏中他们将其创造性地反映出来。整个游戏过程有沟通、有合作、有协商。每个角色都能充分表现，尤其是爸爸，全盘计划，考虑周全，充分展现出一个"男人"的担当。

活动三：坐车去看剧

角色区活动时间，选择家庭区的幼儿又聚到一起，商量今天角色怎么分配，玩什么内容。妈妈习惯性穿戴好围裙开始张罗着做饭，但是姐姐却提出异议，要求妈妈今天别玩做饭的游戏，而是带着孩子们去看表演区的演出。妈妈拗不过姐姐的建议，和爸爸商量此事，爸爸欣然同意。但是剧院离这儿很远呀，要怎么去呢？爸爸提出了疑问。妈妈找来一把小椅子坐在上面说："咱们坐车去！"爸爸同意，但是一把椅子不够一家人坐，于是家庭成员全体出动，又找来几把椅子，拼成轿车座椅，然后椅子周边用班级内的隔板拼接出一辆车的轮廓。之后爸爸坐驾驶位置开车，带着妈妈和姐姐、妹妹去剧院看表演，一家人高兴得哈哈大笑。到了剧院，爸爸拿钥匙锁车，姐姐主动帮助妈妈抱着妹妹，还抢先到取款机取钱给妈妈和爸爸买票，之后又帮爸爸妈妈占座位，非常忙碌。看表演的过程中，一家人认真地做观众，安静观看，节目结束后又为表演的演员鼓掌。姐姐还上台和演员一起为爸爸妈妈演唱了《我不上你的当》《我的好妈妈》这两首歌，一家人玩得非常开心。

分析

坐车去看剧所反映的内容绝不仅仅局限于家庭单一角色。当一家人去看演出的时候，其中既有长辈对晚辈的照顾，更有作为观众这一角色的体验。作为观众幼儿要学会寻找座位、安静观看、为演员鼓掌。此外，为了去看剧，幼儿还要以物代物，用椅子当轿车来解决出行问题。

活动四：家庭外面的小学校

转眼之间，家庭区玩了两个多月了，幼儿的游戏热情渐渐消退，角色区时间选择家庭区的幼儿越来越少了。而随着时间的推移，幼儿对于上小学的关注越来越多，幼儿经常谈论他们上课外辅导班的情况。捕捉到幼儿的兴趣点后，我们建议在家庭区旁边建立一个小学校，每天一名幼儿可以自荐在这里当小教师，黑板就利用班级现有的白板。角色区时间，家长可以带着孩子去小学校上学，听教师讲课；放学后，家长还可以在家里辅导孩子学习知识。这种立足幼儿生活经验的调整让冷落了许久的家庭区重新成为班级热门区域。

这天，爸爸背着电脑包去公司上班，妈妈在家里给孩子们做了早饭，并帮孩子们准备了书包，书包里放了笔盒、本等物品。之后妈妈带着孩子们去小学校上课。来到学校，小教师热情接待了学生，和学生一起制订了一周课表，按照课表学习了知识。放学回到家中孩子们又帮助妈妈做饭。一家人的生活井井有条。

分析

以前我们都习惯在小班和中班开设娃娃家，而到大班的时候，我们理所当然地认为幼儿会更喜欢其他内容，而不再开设家庭区。但是事实告诉我们，幼儿其实是非常喜欢家庭区的，只是随着幼儿生活经验的丰富、社会角色认知的增加，我们要跟随他们的兴趣点和发展水平不断提供更多相关材料，让他们自主游戏，自由大胆表现。整个游戏的过程，无论是区域的创设，还是游戏内容的选择，都是教师在观察的基础上追随幼儿兴趣点的结果，而幼儿也在自主的游戏中体验到了游戏的快乐。

3. 爱心小吃

费　东

背景

　　活动区中，大班幼儿对新鲜事物和真实性游戏的追求越发突出。之前开设的小豆面馆，小朋友们总是不愿意去。有的说："又不能真吃。"这时正好春节刚过，小朋友们各自回老家品尝了各地的美食，于是教师便提问："你们喜欢吃什么呢？"一说起吃，幼儿的兴致可高了，说出的美食种类实在太多了，有些小吃大家都没见过也没听说过。小朋友们说："你说得那么好吃，我们也没见过，不知道什么样子，也没法做呀。"一个小朋友提议："我们都把自己找到的美食的图片打印出来吧，这样大家就都能看到了。""还可以学一学怎么做。"第二天，小朋友们纷纷带来了自己收集的美食图片。雅楠还把图片喷上了香水，请大家闻一闻。幼儿主动说："给这些美食投票吧，把大家都喜欢的食物放在小吃店，这样大家都爱去小吃店做客，顾客就多了。"和幼儿讨论后我们决定把小豆面馆改名为小吃店。可幼儿觉得就叫小吃店有些单调。有的说："要不叫花园小吃吧。""叫花园小吃应该有花啊，我们也没有花啊。""叫大四班小吃吧。"亮亮说："这个没有新意，我们班小朋友特别有爱心，就叫爱心小吃吧。"这时大家都异口同声地说同意，于是这个名字就确定下来了。随着活动的开展，幼儿在爱心小吃店增加了爱心酸奶加油站项目，幼儿可以免费来喝酸奶。幼儿都很喜欢吃水果，由此又增加了凡是消费的小顾客都可以得到一份免费赠送的水果的项目。爱心小吃还有另外的深意，因为它在"爱心"的区域，有爱心服务，还有爱心菜品。

目标

　　让幼儿了解奉献爱心的意义，感受奉献爱心的快乐；让幼儿会根据意愿选择自己喜欢的角色，并明确自己的扮演角色的分工和职责；让幼儿能在游戏中反映出小吃店厨师、服务员、收银员等人员的工作情况，能运用合适的语言与其他区域的幼儿自由互动；让幼儿能制作各类小吃，并将各种小吃的游戏道具分类整理摆放；让幼儿在游戏评价中能用较为连贯、清晰的语言表达自己对游戏的感受。

过程

活动一：爱心小吃用爱组建

为让幼儿也参与到角色区的创建中，我特意组织幼儿围绕游戏中的菜单订制、人员分配、服装穿着、环境布置等内容进行了探讨。

第一，爱心小吃的菜单。首先和幼儿讨论自己都吃过什么小吃，幼儿七嘴八舌兴高采烈地开始分享自己的经验。我问幼儿："你们说的这些美食可以怎样做出来呢？"我和幼儿一起讨论菜单内容，并将幼儿的建议记录下来，最后投票选出最受欢迎的若干小吃，并请小朋友把小吃名制成菜单。

第二，爱心小吃的人员分配。幼儿纷纷发表建议，认为要有负责做饭的厨师，为客人点餐、收钱和端菜的服务员，负责订餐、外送的外送员。于是我们确定了这三个角色。在游戏中幼儿发现一个厨师太少，小朋友们也大都喜欢当厨师，于是厨师定为两人，每个厨师都可以制作不同的菜品。

第三，工作人员的服装穿着。厨师要穿白色的厨师外套，戴高高的帽子，还要戴套袖；服务员穿围裙就可以了；外送员要穿有店名的马甲，这样出去送餐时也能够做宣传。

第四，爱心小吃的环境布置。幼儿说，他们去饭店吃饭时看到，服务员站在柜台里面，还有一些做好的食品放在有玻璃的柜子里，在墙上有图片和价钱，让客人可以看着点。于是幼儿一起讨论认为可以到美工区用纸和黏土做展示的食品，还可以把大家带来的小吃图片写上价钱贴在柜台上。文艺小朋友说服务员还要有一个计算器算钱，一个放钱的盒子，正好益智区有一个计算器可以用上。经过幼儿的细致讨论，我们一起在爱心小吃中将物品摆放好，如放吸管的盘子，放吸管皮的小垃圾桶，喝酸奶的标签、名字袋，厨师切菜用的案板、刀，和面用的小盆子、盘子、杯子等。

活动二：爱心小吃的爱心酸奶

爱心小吃开业了，但是没有客人怎么办呢？爱心小吃的工作人员都很着急，于是玥玥说："我们可以去区域里邀请客人。"乐乐说："我是外送员，我去邀请客人吧。"妮妮说："对！你一个人去邀请客人，我们留在这里，要不一会儿来客人了没有服务员可就不好了。"于是乐乐出发了。可是等了很久都没有人来，厨师做了好多五彩饺子都没有客人来吃。等乐乐回来，乐乐说他们都在玩自己的玩具，没有时间来吃饭。乐乐说："我们不是一会儿要喝酸奶吗？我们邀请小朋友来免费喝酸奶吧，这样还可以体现我们的爱心。"小朋友们都欢呼起来："好呀！好呀！这个主意真不错！"玥玥说："我们免费送酸奶吧！"大家同意后，乐乐说："我再去邀请小朋友来喝酸奶吧。"玥玥说："哎哎，你跟他们说喝酸奶送饺子吧。"乐乐："好的。"不一会儿乐乐回来了说："他们说一会儿就来。"不一会儿，真的有客人洗完手来喝酸奶了。乐乐赶忙为大家服务："给您吸管，这是您的酸奶。"妮妮说："我们的酸奶是免费的，不收钱。喝完酸奶可以来免费领一份饺子，今天刚开业，请您品尝。"妮妮还和吃完饺子的小客人说："欢迎下次光临！"

活动区活动结束时小朋友都来喝酸奶了。乐乐说："老师，少了一杯酸奶。"经过教师一个一个地问才知道有一个小朋友忘记自己已经喝过酸奶了，又喝了一杯。于是教师和幼儿一起讨论："怎样才能使服务员记得哪个小朋友喝过酸奶，哪个小朋友没喝过呢？"有的说："让他们写上名字。"有的说："自己记清楚了就可以啦。"有的说："和好朋友一起去，让好朋友帮忙记得就行了。"有的说："可以做个小标记。"最终，大家采纳了最后这个小朋友的建议，为每个小朋友都做了一个带名字的小袋子，请每个小朋友画了一个小标签，喝完酸奶后便把小标签插在自己的小袋子里（图4-49）。

图 4-49　赠送酸奶活动

活动三：爱心小吃的爱心服务

爱心小吃的客人总是班里的那几个小朋友，显得有些冷清。于是我走过去问："今天没有客人吗？"芷如说："是啊，他们都在做自己的作品，都不来。"我说："那还可以邀请谁来做客呢？"沫沫说："可以邀请老师。"我说："那每天都是老师来当客人，客人还是太少了呀。"于是芷如小声说："要不邀请大三班的小朋友吧。"大家高兴地说："真是个好主意！"沫沫说："谁去邀请呢？"博文说："请外送员去吧。"于是芷如这个外送员就出发了。芷如来到大三班说："请问有人想到我们班爱心小吃来做客吗？"大三班几个热情的小朋友纷纷说："我去吧。"就这样芷如成功地邀请到了客人，兴高采烈地带着小客人来班里了。

活动四：爱心小吃的爱心外卖

外送员在爱心小吃每天都是负责卖酸奶工作，很少有人出去订外卖。今天亮亮来当外送员了，他觉得店里没有客人很没意思，他又是个想法多、爱思考的小朋友，于是他说："我去别的区问问有没有人想订外卖吧！"厨师刘文艺和服务员图妮妮都很赞成。亮亮到每一个区域都问一遍："请问你们需要订外卖吗？有饺子、麻团和糖葫芦。我们可以做好给你送过来。"功夫不负有心人，在亮亮的介绍的吸引下，硕硕说："我想订一份麻团。"听到硕硕这么说，震震也订起餐来："我要一串糖葫芦。"就这样亮亮收到了两份订单。亮亮赶快告诉厨师有客人订了一份麻团和一串糖葫芦，并帮着厨师一起将食物装盘，放在外卖车里去送餐了。他还和客人礼貌地说："您好，这是您订的麻团，一共5块钱。"硕硕说："等一下我去取钱。"震震也立刻跟着说："哎呀，我也得先去取钱。"

随着订外卖的人越来越多，大家都有些记不清客人订了什么。妮妮提议："那我们画出来吧。"亮亮到美工区找到一张纸、一支笔，开始记录，这样客人点的餐都能够准确无误地送到了。文艺说："我哥哥在大二班，能不能给我哥哥送一份外卖呀。"妮妮说："那我们给你哥哥送一串糖葫芦吧！"文艺高兴地拿了一串糖葫芦放在盘子里交给亮亮。当亮亮来到大二班送外卖时，其他小朋友也想要订外卖。可是活动区活动要结束了，亮亮遗憾地说："活动区活动要结束了，只能等明天了。"大二班的小朋友说："我们怎么订外卖呢？"亮亮说："明天我来找你们吧。"第二天亮亮拿着纸和笔到大二班来记录订单。爱心小吃在大班组就这样开展起来了。幼儿和教师们一起设计了"外卖订单"，每天由外送员到各班去填外卖单，再根据外卖单送外卖。

今天有作为客人的教师来到爱心小吃。妮妮有礼貌地向老师打招呼做介绍："老师您好，欢迎您来爱心小吃吃饭。今天是重阳节，我们推出了重阳糕，还可以订外卖呢。"这位教师说："如果我在家想订外卖怎么办？"妮妮回答："您可以打电话订餐。"教师故意难为了一下妮妮："周末可以吗？""我们周末休息。"妮妮说。教师又说："那就打不通电话了呀。"妮妮灵机一动说："那您扫一下我们的二维码吧。"妮妮拿出一张我们平时用来签名字的纸迅速地画了一个二维码，交给教师。"您用微信扫一扫就行了。"（图4-50）

图 4-50　扫码付款

活动五：爱心小吃的爱心食品

幼儿对于不能吃的东西慢慢失去了兴趣，于是我们向园里申请，让幼儿做一些可以吃的东西。重阳节要到了，幼儿都没有见过也没有吃过重阳糕，对其都很好奇，于是针对重阳节我们隆重推出了重阳糕。每天早上早来的幼儿可以到爱心小吃制作一些重阳糕，并将制作好的重阳糕送到食堂请师傅帮忙蒸熟，活动区活动时正好出锅，就可以卖给客人们了。同时幼儿还提出很喜欢吃水果，于是我和小朋友们商量，每个在爱心小吃消费的客人都可以获得一份免费的水果，因此爱心小吃的生意络绎不绝。

根据时令，我们还在中秋节推出了月饼，冬至时推出了饺子，端午节推出了粽子。由于总有新变化，幼儿的兴趣也就不会减退了（图 4-51）。

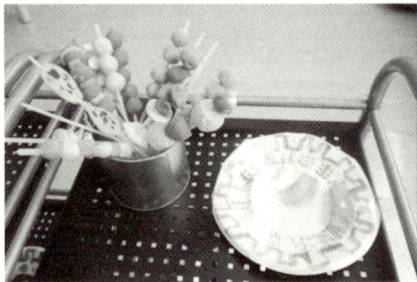

图 4-51　爱心食品

分析

大班幼儿喜欢的是新颖有挑战，能真实服务于幼儿生活的游戏。爱心小吃源于幼儿自己的生活经验，从活动区的来源到角色区的创设、开展，所有的过程都是幼儿自主决定的。大班的幼儿拥有这个能力。虽然在游戏过程中幼儿也遇到了很多的问题，但是在教师的支持下，幼儿共同讨论，不断碰撞出新的火花，增加新的游戏内容。从不能吃的东西到可以亲自品尝的食物，再到根据节气、节日的需要增加不同的食物，整个游戏过程有挑战、有乐趣，幼儿玩得开心，有成就感。更为可贵的是通过爱心小吃，不仅增强了幼儿的角色意识，还培养了他们服务他人，为人奉献的精神。

4. 数码宝贝

路　欢

背景

开学初，幼儿升入大班。放假前教师曾留了"小脚丫走天下"的任务，让幼儿用拍照、绘画等方式记录自己的假期生活。一进班里他们便急切地告诉老师这个假期去了哪里，玩了什么，还有幼儿特别自豪地带来了他们的作品。利用过渡环节的时间，教师让幼儿介绍他们的旅程。幼儿说得津津有味，还有几个带来照片的幼儿特别兴奋地说："老师你看，这个是我用爸爸的相机拍的。"照片果然拍得不错。于是教师跟他们商量："想不想把照相馆开在班里？"幼儿一听，别提多兴奋了。于是，我们的照相馆开始一步步筹备，班里的小阁楼摇身一变成了照相馆。

目标

让幼儿通过角色扮演，了解照相馆相关角色的工作内容，立足生活经验创造性地反映生活；让幼儿能熟练地使用相机，知道如何取景拍照；让幼儿在游戏中体验角色扮演及与同伴共同合作带来的快乐。

过程

活动一：我们一起布置照相馆

幼儿为了照相馆能够快速开业，开始了忙碌地筹备。首先是照相馆的整体环境。幼儿通过沟通决定创设"照相馆规则"、"人员分工安排"、"我的照片墙"三个主题墙板。幼儿说照相馆的规则应该有：在照相馆拍照时应该保持安静；有问题及时询问工作人员；拍完照片要及时付款。人员分工应分为：摄影师——主要负责给小顾客拍照片；化妆师——负责给小顾客化妆、打扮和最后的收银；顾客——选择自己喜欢的衣服拍照。幼儿还说要从家带来照片贴到墙上，组成照片墙。于是，我们的照相馆设想初步完成了。但是在哪里拍照呢？天天说："可以在班里啊，可以在美工墙那儿。"明明说："也可以在表演区，那还有头花呢。"我们初步达成了一致意见，在班里的某一处角落取景拍照。这时朵朵突然提出了一个问题，说："老师，我可以把我的小眼镜带过来拍照用吗？那个眼镜可好看了。"教师说："当然可以啊，也欢迎其他小朋友把自己平时不怎么玩的又适合拍照的东西带来，丰富我们的照相馆。"幼儿一致同意。没有几天，照相馆里的柜子就被动物头饰、花环、纱巾等各种道具填满了（图 4-52）。

图 4-52　照相馆一角

活动二：照相馆开业之初顾客不满意

照相馆正式开业。第一天琪琪、墨墨和明明进入照相馆，他们特别兴奋，自己给自己分配好角色，并请美工区的小朋友为照相馆做了角色挂牌。摄影师的挂牌画了照相机的图案，化妆师的挂牌画了小朋友照镜子的图案，顾客的挂牌画了一个小朋友的图案。每个人将自己的工作牌挂在胸前，开始了第一天的工作。

很快，化妆师琪琪给小顾客墨墨打扮好，摄影师明明带着顾客在班里找了一个适合照相的背景，让顾客摆好动作。随着咔嚓咔嚓声，一张张照片拍摄出来。活动区活动时间结束后，教师将相机中的照片用大屏幕播放出来，请小朋友们一起看看，从中发现了一些问题：有的照片拍虚了，有的镜头里除了顾客还有别的晃动的影子。虽然幼儿拍照时教师也在指导着，可是最后的效果还是有一些瑕疵，于是我们决定明天让幼儿再自己摸索一次，然后在下一次的过渡环节时讨论总结。

第二天，照相馆照常营业。琪琪担任摄影师，妞妞和天天分别扮演化妆师和顾客。妞妞把天天打扮成了一位蒙古族的小骑士。幼儿的游戏进行得非常顺利。事后在区域评价时，教师将照片投到大屏幕上。今天的照片比昨天的质量好了很多，于是教师让琪琪分享一下自己拍照的经验。琪琪说："我昨天跟爸爸说了，爸爸教我的。"教师问："爸爸是怎么说的？"琪琪说："爸爸说，轻轻地按一下快门，照片就清楚（对焦）了。然后再使劲按快门，就能拍照了。"教师说："嗯，说得很好。"琪琪："爸爸还说，把人放到镜头中间，等没人经过的时候拍照，镜头里就只有一个人了，不能着急。"琪琪说完后，教师请小朋友按照琪琪的说法，每人都用相机拍了一张照片。果然，小教师的话幼儿都听进去了，照片拍得很清楚。

活动三：你摆我照

幼儿基本清楚了怎样才能把照片拍得更好，对照相馆的工作更加感兴趣。他们化妆的化妆，摆动作的摆动作。但是一段时间之后，小朋友们发现自己摆拍的动作比较单一，没有什么新意。为了让幼儿视觉上看得更加明显，教师把他们最近的几次拍照拼在一张图上，投影给幼儿看，让他们说说看到照片的感受。眼尖的妞妞马上说："怎么都一样啊。"教师问："妞妞，你说什么都一样？"妞妞回答："她们的动作啊。""还真是啊，动作都一样，那怎么解决这个问题呢？""可以摆新的动作啊。""嗯，是的，那你愿意给小朋友们展示一下吗？"妞妞开始还不太好意思，后来慢慢地走到前面，摆出来一个自己练舞蹈时的动作，得到了小朋友们的掌声。教师赞叹道："动作真漂亮！那你觉得你的这个动作适合什么样子的衣服呢？公主裙？运动装？还是别的什么？"妞妞说："应该是跳芭蕾舞的那种裙子。"教师追问："可是我们班里没有芭蕾舞裙怎么办？"妞妞回答："我有两件呢，我可以拿来一件。"教师说："好的，谢谢妞妞，我们小朋友会爱护你的裙子的。"

通过这种方式，很多小朋友都勇敢地上前来摆造型，有练武术的造型，有跳舞的造型，有拿着道具的造型，有模仿小动物的造型等，并且每个幼儿在摆完造型后，都说出来自己的造型适合什么样子的衣服。幼儿所穿服装大部分都可以在幼儿园借到，还有的服装是小朋友自己提供的，还有的服装是请美工区小朋友用废旧布料、塑料袋等制作的，种类繁多。

活动四：一起制作不同风格的拍照背景

在活动区分享环节，我问幼儿："你们觉得照相馆还缺什么材料吗？或者你们还有什么问题吗？"明明说："我想拍在公园的照片，可是没有啊。"其他小朋友也七嘴八舌地说着："我也想要拍公园的照片"，"我想拍在海边的照片"，"我想拍在幼儿园的照片"。教师说："你们说得都很好，可是我们怎么实现呢？幼儿园里可没有大海。那你们开动脑筋想想办法吧。"幼儿的想象力非常丰富，最后讨论结果是，用与阁楼门面积相符的无纺布画出背景，在小阁楼的门上固定两个挂钩，每次需要背景时，教师帮忙更换。说做就做，幼儿利用活动区的时间，在美工区开始自己的创作，他们三两人一起完成一幅画。画海边的时候，有人画沙滩，有人画天空，有人画大海。画幼儿园的时候，他们也分好谁画什么。很快，在小朋友们的共同努力下，拍照背景就完成了。

同时，幼儿说想用自己的照片来装饰照相馆外墙，于是，教师和幼儿一起动手做了很多相框，里面放上幼儿的照片，照相馆的主题更加突显。

活动五：一起做相册

有一次，我们在活动区活动结束后的点评过程中，一个小朋友说自己周末刚刚照了艺术照，还说照相中换了好多衣服。教师问："你都穿了什么漂亮的衣服?"幼儿回答："艾莎公主的、小动物的、还有特别可爱的那种。那里的阿姨先给我妈妈看了几个相册，妈妈问我喜欢哪个，然后去找的衣服。"教师说："哦，照相馆的阿姨先确定是你来拍照，然后给妈妈看了相册，之后你挑了自己喜欢的衣服，对吗?"幼儿说："嗯，是啊。"通过这次对话，班里幼儿提出将照片按风格进行分类，教师按照幼儿的建议，提供了五个相册，分别标记"小清新风格"、"运动风格"、"公主王子风格"、"民族风格"、"小动物风格"，将幼儿穿不同服装拍好的照片冲洗出来按不同风格放进相册。每次顾客照相前先看看相册，选出今天想拍的风格和这个风格里想穿的服装，一切计划好后换装拍照。

活动六：生意不太好

一次活动区活动时，摄影师觉得小顾客换装时间过长，自己没有事情做。于是，通过讨论，他们想出了制作邀请卡去邀请客人的方法。他们可以看情况进到其他区里或者去隔壁班邀请小朋友进行拍照，同时，邀请别人的时候要使用礼貌用语。说做就做，小朋友们在美工区挑出自己喜欢的彩纸，请教师在上面打好邀请卡三个字，并裁成一元纸钞样的大小，然后幼儿就开始了邀请卡的装饰工作。有的小朋友在上面画上好看的图案，有的幼儿利用压花器在上面压出自己喜欢的图案，还有的把自己剪好的图案贴在上面。各种各样的邀请卡很快就完成了。教师帮忙把邀请卡塑封好，以便循环使用。

接下来，就是怎样发邀请卡的问题了。教师和幼儿再一次进行了探讨。教师说："你们有这么多邀请卡，那怎么发呢?"小辉说："发给别的小朋友。"教师说："那一次发多少呢? 全部都发出去吗?"小辉说："可以少发一点，要不，照相馆就太挤了。"教师说："说得对，太挤了就没办法正常工作了。"慢慢地，又有小朋友想出来了新想法，如可以在规定日期内随时来拍照，可以凭邀请卡带着好朋友一起来拍照等。

再后来，小朋友们得知隔壁班是服装制作的游戏活动，于是他们又去隔壁班发邀请卡，请小朋友穿着自己制作的衣服来班里拍照。之后别的班的小朋友有时候也会慕名而来，小店生意越来越好。

分析

幼儿特别钟情于角色扮演。在照相馆的工作中，他们可以模仿、再现日常生活中观察到的角色。随着社会的发展，照相机成为家庭必备的用品，幼儿对此也非常熟悉。从最初不太会使用相机，到慢慢能很好掌握；从最开始没有固定地点的拍照，到后来自己画背景自己设计；从最初随意选择衣服，到后来按不同风格进行分类；从开始三个人的小店，到后面制作邀请卡邀请同伴，这些都是他们逐渐摸索不断解决多种问题的结果。教师要相信幼儿的能力，要给幼儿足够的空间和时间，让他们自己去想去试，在快乐的游戏中获得积极主动的发展。

5. 超市

曹　畤　王冬竹

背景

进入大班以后，幼儿对周围的社会生活环境更为关注了。他们都愿意陪爸爸妈妈一起逛超市，选一些自己需要的物品，都愿意与教师、同伴谈论他们的购物经验。在一次超市购物的社会活动后，幼儿谈论超市的兴趣仍旧不减。在讨论开创新的角色区时，幼儿都建议建一个超市。考虑到超市是幼儿生活中常去的社会场所，通过超市购物的游戏可以丰富他们的社会经验，我们决定支持幼儿的想法，创设一个幼儿喜爱的超市。

目标

让幼儿能结合自己去超市的生活经验，与同伴合作创设超市的环境，大胆、生动地扮演超市中的各种角色，体验角色扮演与购物的乐趣；让幼儿能用清晰、连贯的语言表达自己的想法，并能主动与同伴交往并积极地回应；让幼儿学习用协商、轮流等交往策略分配角色，能共同解决游戏中出现的问题；让幼儿能运用对应、分类等方法摆放超市的物品，有序地整理游戏材料；让幼儿能通过实物操作在买卖过程中进行 10 以内的加减运算；让幼儿学会看商品的生产日期和保质期。

过程

活动一：超市筹备中

为了让幼儿对超市有更清晰的印象，我请他们利用周末休息的时间去逛逛超市，看看超市里都有些什么。

新一周的周一午餐前，我问幼儿："开超市要准备些什么呢？""要准备各种各样的东西：吃的、用的、穿的。""还要有货架，要不东西摆哪啊。""应该有购物筐。""有收款机。""要有塑料袋。""还要有钱，要不没法找钱。"……幼儿集思广益，一会儿工夫就罗列了一个长长的清单。经过讨论，我们决定商品由幼儿准备，而一些硬件要由教师准备。"为了做宣传，超市里还粘贴了什么呢？"我问道。"把要宣传的东西贴在墙上或挂起来。""我们可以做一些这样的海报，推荐我们的商品。谁愿意设计海报呢？""我和琪琪一起画吧。"萱萱自告奋勇。"你们有没有观察超市门口有些什么啊？""有营业时间。""超市一般几点营业，几点关门呢？""物美是 8:30 开门，很晚才关门的。"媛媛说道。"请你们看一看超市是几点关门的。"

之后的几天时间里，幼儿分工、合作准备清单上的材料：眼镜、衣服、鞋子、皮筋、卡子、盘子、碗、锅、书包、图书、本子、笔、橡皮、贴画、洗发水瓶、洗手液瓶、奶瓶、毛巾、彩纸、剪刀、彩泥、胶棒等。超市所卖酸奶是每天幼儿园提供的，幼儿可以利用游戏时间购买酸奶。超市所需的物品很快准备好啦。

分析

对于大班幼儿来说，他们关注周围的生活环境、场所，有了一些生活经验，能够清楚地表达自己的看法。基于此，选择开创什么角色区，如何创设区域对于他们来说并不困难，关键要看教师能否捕捉到真实、有价值的信息，帮助幼儿梳理思路，让他们的想法都能得到落实。这个梳理、提升的过程能帮助他们建立起一种重新的认知。

活动二：我们的工作内容

在讨论完了超市要卖些什么后，我问："超市需要几名工作人员，分别干些什么工作？"乐乐说："要有收钱的人。""还要有卖东西的。"琪琪接着说。"还要有人称菜的重量。"晨晨大声说道。"还要有人往架子上放东西。"……幼儿七嘴八舌地讨论着。我总结道："超市中有收银员、促销员和摆放商品的理货员。""他们都负责什么工作内容呢？"我追问道。"收银员负责收钱和找钱。"轩轩说道。"促销员推荐商品，让我们买。"果果回答道。"理货员会在空了的架子上摆上东西。"琪琪说道。

幼儿了解了每个岗位的主要工作后，我们就工作的具体内容展开了思考，最后大家制定了各岗位人员的工作职责。

收银员：按时到岗，备足营业用零钱；收银员不得随意在上班时间中途离开岗位；收银员应保持收银台干净、整洁，认真、准确地做好顾客的消费结算工作。

理货员：对商品进行分类，按商品标志分类摆放，并及时补充货架上的商品。

促销员：介绍商品，把商品推荐给顾客；制作宣传海报；招揽顾客。

幼儿用图文并茂的方式把员工工作职责内容制作出来，并粘贴在超市内的墙壁上（图 4-53）。

分析

大班幼儿能在集体中注意倾听教师或其他人讲话；愿意与他人讨论问题，敢在众人面前说话；能按次序轮流讲话，不随意打断别人。这些语言能力为大班幼儿的集体讨论提供了可能。随着讨论活动的增多，幼儿能紧紧围绕一个话题展开讨论，并能在倾听中进行辨别和判断，通过交流和协商达成意见的一致。教师应尊重幼儿的发展特点，相信幼儿的交流能力，因势利导地启发、归纳、提升幼儿的想法，让他们成为设定游戏规则的主人，如此才能更好地激发幼儿参与游戏的热情。

图 4-53　热心接待顾客

活动三：我们一起来摆放商品

经过一周的准备，超市中的商品已准备齐全。幼儿带来了眼镜、衣服、鞋子、皮筋、卡子、盘子、碗、锅、书包、图书、本子、笔、橡皮、贴画、洗发水瓶、洗手液瓶、奶瓶、毛巾、彩纸、剪刀、彩泥、胶棒等物品。

"这么多的物品我们怎么摆放呢?"妞妞看到堆在一起的东西发愁地说。"要分类摆放呀。"琪琪在一旁说道。大家同意地点点头。"这么多,怎么分啊?"诺诺继续发问。"要把本子、笔、橡皮放在一起,这些都是文具。"丫丫回答道。"其他的东西你们也来分一分吧。"我让幼儿把剩下的物品进行分类。最后,幼儿按商品的用途把物品分了类。

"分好类以后,怎么让顾客一眼找到想买的商品呢?"我问道。"给每类东西做个标签,我去超市的时候妈妈和我就是看挂的标签买东西的。"雷雷答道。"设计标签,这是个好办法。"我点头回应道。幼儿分组讨论如何制标签。萱萱提议画画和字结合,这样大家都能看懂。制作好的标签贴在货架上后,我大声宣布:"超市明天就可以开业啦。"听到这里幼儿欢呼起来。

分析

让幼儿利用已有的认知和生活经验去解决分类问题,对他们来说比直接告诉他们如何分类摆放物品更能激发他们的思考和游戏热情。教师要学会倾听和放手,给他们充足的时间,为他们准备需要的材料,这才是最好的支持。你会发现,很多时候,幼儿完成的要比你预期的好很多。虽然过程可能会有波折,但我相信这是他们喜欢的成长方式。

活动四:收钱总出错

今天超市试营业,客人非常多。工作人员各负其责,顾客也很有序地购物。但是,收银员皮皮却总是被客人投诉:"老师,皮皮找的钱不对。""老师,皮皮多收了我的钱。"见此情况,算数"小达人"萱萱主动来帮忙。

区域回顾时间,收银员皮皮与大家分享了自己的工作感受。"我总算错账。"皮皮不好意思地说。"怎么才能让收银员不算错账呢?"我问道。"让算得对的小朋友当收银员。"丫丫提议道。"那其他小朋友就不能当收银员了。"果果提出了异议。一片沉默后天天突然说道:"每个人只买两件东西就不会算错了。""太少啦。"有人反对道。"买东西的钱加起来不那么多,就不会算错啦?"西西说道。"最多不超过多少钱,大家都能算对呢?"我问道。"10元钱。""20元钱。"幼儿回答道。

经过讨论,幼儿最后决定:买多少自己决定,但价格总数最多不超过20元。算好后去结账,看收银员算得对不对,不对的话要马上跟他说(图4-54)。

分析

对于大班下学期初的幼儿来说，10 以内的加减运算不成问题。但 20 以内的加减运算却不是每个小朋友都能算得准确的。为了满足每个小朋友的需要我们还是把购物的总额限定在 20 以内。如遇到进位运算，可请会算的小朋友分享计算的方法，久而久之，会有更多的幼儿能够进行 20 以内的加减运算。幼儿的思维特点是以具体形象思维为主，应注重引导幼儿通过直接感知、亲身体验和实际操作进行科学学习。超市的角色游戏正顺应幼儿这一学习特点。幼儿在运算的过程中不断发现运算的方法，积累运算的经验。教师要注重用生活本身来给幼儿提供学习的机会，通过游戏化、情境化、合作化的学习环境激发幼儿探索和学习的热情，如此不仅使幼儿成为游戏的主人，更锻炼他们成为生活的主人。

图 4-54　我会结账

活动五：总帮倒忙的理货员

超市营业了几天，小朋友就发现了新问题：理货员总会到处帮忙。促销员莹莹说："艺文（理货员）总是帮倒忙，不是他的工作他也做。"隔天，收银员明明说："雷雷（理货员）还帮我收钱呢，这是我的工作，他应该做自己的事情。""我买东西的时候，雷雷总是摆东西，我都没法买了。"果果说道。就在第三天的游戏回顾时间，我们决定调整一下理货员的工作内容。

"理货员的工作内容是什么？"我问道。"分类摆放商品，货架上没有东西时要补上。"天天大声说道。"这几天超市的理货员是这样做的吗？"我继续问。"是呀。"几个理货员自信地点头回答。"有顾客说理货员总是摆东西影响他买东西，该怎么办？"我问道。"我看到商品被拿走了，就马上补上。"雷雷回答。"可这样我就没法选我想要的商品啦。"果果说道。"理货员什么时候补货不影响顾客购物呢？"我问道。"要等东西没有了再补。"莹莹提议道。"你们觉得呢？""嗯，可以。"很多小朋友点头同意。"可以，那我又很长时间没有事情做呀。"雷雷发愁地说。"是呀，除了开门前的准备工作，偶尔地添补商品，理货员还有很多时间无事可做呢。"我接着雷雷的话说道。大家陷入沉默。"可以和推销员一起把商品推荐给顾客。""可以去超市外招揽客人。"听到有人回应，大家又都变得活跃起来。"可以，这样就不会影响客人买东西。""在外面招揽客人，超市里也不会很拥挤。"……就这样，我们最后调整了理货员的工作职责：超市开门前按标签分类摆放、整理和补充商品；超市营业中无需补货时与促销员一起招揽顾客，向顾客推荐商品，回答顾客的提问。第二天，超市工作人员各负其责井然有序地工作起来。

分析

大班的幼儿能主动承担并认真完成自己的任务；能遵守游戏规则，履行角色的职责；能知道游戏中既需要分工也需要合作；遇到问题时，能出主意、想办法。教师应尊重幼儿这一发展特点，遇到问题应首先让他们尝试协商解决。教师更要倾听幼儿的游戏需要，并通过提出问题的方式激发幼儿思考和讨论，最终找到解决问题的有效方法，从而逐渐帮助幼儿树立自主思考、自信表达、礼貌交流、协商解决问题的意识，提高与人交往的能力。

6. 米菲文具店

王　颖

背景

升入大班后，为捕捉幼儿游戏兴趣，满足幼儿的游戏需要，我和幼儿共同商讨可以创设哪些适宜的区域。在商讨中，幼儿对各种笔比较感兴趣，有的小朋友说："我都用铅笔写数字了。"有的小朋友说："周末我妈妈带我去文具店买了新的水彩笔，和幼儿园里的水彩笔不一样。"有的小朋友还说："文具店里卖各种各样的笔呢。"大家说得热火朝天，并最终聚焦在文具店上。这个主题符合大班幼儿的年龄特点，也有利于做好幼小衔接的工作。

目标

让幼儿知道文具的名称，了解文具是我们学习的好帮手；让幼儿通过角色扮演，扩展对文具店的认识，了解售货员这一职业的劳动特点，体会顾客与售货员之间的言语交往，提高语言的运用能力；让幼儿在角色分配和游戏过程中，学习和掌握协商、轮流、合作等友好交流的策略与技能；让幼儿在游戏中，能借助生活经验发挥想象力，不断丰富游戏情节；让幼儿会用正确方法取钱和使用钱币，或者用其他物品代替钱币来购买文具。

过程

活动一：给文具店起个名字

经过幼儿的讨论，班级决定创设文具店。可文具店叫什么名字呢？大家积极思考，纷纷举手发言。李臻昊小朋友说："叫开心文具店。"小朋友听完后没有提出什么意见，但也表现出不是很赞同的意思。旁边的孔思辰小朋友说："叫清友实验幼儿园文具店。"有小朋友提出了反对意见，说这个名字太长了。李美妍说："叫仙女文具店。"话音刚落，就有男孩子说："你们女孩子喜欢仙女，可我们男孩子不喜欢仙女。"幼儿各抒己见，议论纷纷，最终也没有达成统一意见。在美术活动中，教师请小朋友用油画棒来装饰作品，请值日生给小朋友们发油画棒。这时，孔思辰小朋友告诉我说："老师，可以叫米菲文具店，油画棒的盒子上面写着米菲油画棒。"这时，班级小朋友陆续地都发现了油画棒盒子上面的"米菲"两个字，大家也很赞同孔思辰的提议。于是，班级文具店的名字最终被定为米菲文具店（图 4-55）。

图 4-55　米菲文具店

活动二：了解文具店

为了给幼儿一个具体、直观的印象，促使本班文具店尽快落成，进而熟悉文具摆放，服务人员与顾客之间的交流等内容，我给幼儿从网上找了一些有关文具店的图片与视频向幼儿进行介绍，并请家长利用周末时间带着幼儿去文具店实地参观，为班级文具店的诞生做好经验准备。

活动三：一起创设文具店

在与幼儿商讨需要准备哪些文具用品时，班级幼儿表现得可兴奋了，纷纷发表自己的建议。有的小朋友说要有铅笔和橡皮，有的说要有图画本，有的说要有荧光笔、水彩笔等，还有的小朋友说文具店还卖书包和跳绳。经过大家的商讨，我们确定了文具店需要的一些商品。第二天入园时幼儿就从家里带来了不同的文具用品，教师和幼儿把这些文具进行了分类，随后把这些文具摆放在了货架上面。

文具的种类分好了以后，教师和幼儿一起给这些文具定价钱。幼儿把各种彩色画笔定为1元，荧光笔贵一些定为2元，转笔刀2元，跳绳5元，书包10元，等等。当我们给橡皮定的价钱为1元时，有小朋友提出说："小块的橡皮和大块的橡皮价钱不应该是一样的，大块的橡皮应该再贵一些。"教师肯定了幼儿的提议，于是我们又把小块和大块的橡皮进行细致分类，小块的橡皮是1元，大块的橡皮为2元。对于彩纸类，幼儿也按照其大小、厚薄等进行了定价。

活动四：制作钱币

价格定好了，可是钱从哪里来呢，我组织幼儿讨论。嘉怡说："我看见爸爸妈妈从银行的取款机里取过钱。"这时，有些小朋友也这么说。于是，大家决定要制作一台自动取款机。在活动区中教师和美工区的小朋友先用纸箱初步制作了一台自动取款机。可取款机上都要有些什么呢？幼儿根据日常的观察总结出自动取款机上要有数字、有插卡的地方、还有显示屏等。根据幼儿的描述，教师和美工区的小朋友继续完善，终于将自动取款机制作完成。美工区的小朋友向大家介绍了自动取款机的用法：要先插入一张银行卡，然后输入密码，点确定键，取完钱后还要记得把银行卡再拿出来。

为了让幼儿能够明确取款的步骤，我们请家长配合向幼儿进行介绍。家长很支持、配合班级活动。其中，有一位家长是在银行工作，还为我们提供了银行工作人员练习点钞用的点钞券。教师把点钞券投放到文具店中，让幼儿的游戏更加贴近真实生活。

活动五：米菲文具店开业了

文具店很快开业了。游戏开始，幼儿扮演成顾客、售货员、收银员角色进入了游戏。妞妞扮作售货员，一看见有小顾客光临文具店就会很主动地说："你好，欢迎光临，请问你想买什么呢？"妞妞表现得很大方，能够主动和顾客打招呼。路虎在取款机取款后在文具店里买了两支荧光笔、两张图画纸。在付款的时候，路虎给了收银员10元，收银员找了路虎4元。路虎买完文具后就到美工区去画画。可是，刚刚开业的文具店还是遇到了问题。姜嘉嵘小朋友说："取款机都没有钱了，你们把钱都取走了。"针对这个问题教师组织幼儿进行讨论：在取款机取款时是有额度限制的，每次取多少钱合适呢？这时，有小朋友说："那我们取 5 元吧。"这时，路虎说："我买完荧光笔和图画纸就 6 元呢，取 5 元钱根本就不够。"这时，有小朋友提议："那我们每次就取 10 元。"教师和小朋友都表示很赞同。

活动六：店里东西卖光了

班里小朋友很喜欢来文具店购买文具。这天有几名小顾客在文具店里挑选文具。这时姜嘉嵘对竺晏禾说："你买了这么多呀，我们都没法买了。"只见竺晏禾小朋友手里拿着彩色笔、彩色纸、折星星的长条纸，还有橡皮等，都快拿不住了。竺晏禾反过来说："我要去美工区折星星。"姜嘉嵘说："那你也不用买这么多呀，我也想买这样的笔呢。"竺晏禾说："是我先来的，你下次再买吧。"姜嘉嵘不高兴地走开了。

活动区点评时，教师请姜嘉嵘说一说为什么今天没有买到自己想买的笔。姜嘉嵘说："是因为竺晏禾买的太多了，所以没有了。"针对这个问题教师请小朋友进行讨论。幼儿说小顾客比较喜欢文具，可以多提供一些。教师和班级幼儿都表示赞同。教师又引导幼儿在办文具店之前要先做计划。老师说："如果你想去美工区或表演区活动需要什么材料，那么就去文具店买什么，买自己需要的。"这时，有小朋友说："我今天只在文具店买了书包，因为我要去表演区表演节目。"还有小朋友说："我在文具店买了一根跳绳，我在户外练习了跳绳。"

活动七：生意不好了

班级文具店开业一段时间后，由原来的红红火火慢慢地变冷清了，小顾客越来越少了。于是，教师和幼儿讨论，怎么样能够吸引小顾客到文具店里来买文具。这时，路虎说："可以再增加一些亮亮的彩色折纸。"月月说："我和妈妈去超市买东西，满多少钱可以赠东西。"旁边的小西说："还能够打折呢。"于是，针对幼儿的提议，我们更换和增添了一些他们比较感兴趣的文具用品；又请美工区的小朋友制作了宣传海报，内容是如消费满 10 元可以赠一张演出门票到表演区欣赏节目或者是赠送一支荧光笔；还开展了消费满 8 元减 1 元等促销活动；还推出特价商品和新到文具。通过这些活动的开展，班级文具店又红火起来。

分析

幼儿进入大班后，从幼儿园到家庭陆续开始了幼小衔接的系列活动。在这个过程中，我们也开始让幼儿接触小学生需要使用的一些学习工具，激发起幼儿强烈的兴趣，文具店角色区因此自然形成了。但角色区从创设到游戏开展需要多方面的准备，需要解决多个问题，大班幼儿解决问题能力较强，生活经验也较丰富，很多问题不需要教师提示，就可以利用集体的力量自主解决。教师需要做的事情就是通过提问幼儿、组织幼儿讨论，耐心倾听幼儿的建议，来充分调动幼儿解决问题的内在需求，激发幼儿主动思考的精神，不断地帮助他们丰富游戏语言和情节，深化游戏主题。

在整个角色游戏的开展过程中，幼儿能够通过承担角色来与伙伴共同游戏，学习理解社会角色行为，同时实践并掌握社会行为规范和人际交往技能。在这个过程中，角色游戏还发展了幼儿的语言能力、计算能力、分类摆放能力等，幼儿获得了综合发展。

7. 小银行

王　颖　郭丽华

背景

升入大班后，班级幼儿对各种笔比较感兴趣，于是我们开设了文具店。在创设好文具店后，有小朋友提出："买文具是要花钱的，但没有钱怎么办，我们怎么买东西呢？"这时，琪琪小朋友说："去银行取钱呀，我妈妈就在银行上班。"随后也有小朋友跟着说："我爷爷带我去过银行，我看见过爷爷取钱。"这时其他一些小朋友也说跟着爸爸妈妈去过银行，银行是取钱和存钱的地方。于是为了配合文具店的开展，我们在文具店旁边又开了一个新的角色区——小银行，以便于小朋友们取钱买文具。

目标

让幼儿熟悉银行工作内容、工作流程，体验银行职员、顾客、保安等角色；让幼儿能够通过沟通、协商解决游戏中遇到的问题；让幼儿能进行 10 以内数的运算。

过程

活动一：参观银行

为了给幼儿一个具体、直观的印象，促使小银行尽快落成，我们利用家长资源，请琪琪妈妈帮助我们联系了幼儿园门口的工商银行领导，组织小朋友参观银行，看看银行的叔叔阿姨是怎么工作的，都有哪些角色，都在干什么工作，人们在银行是怎么取钱的，以便知道小银行角色游戏都需要准备哪些材料。

分析

前期经验的积累对于幼儿游戏的开展非常必要。幸运的是，我们班有家长是银行职员，而且幼儿园门口就是银行。于是我们近水楼台先得月，带着幼儿走访了银行，给了每个幼儿真切的体验。这是角色游戏开展的必要前提。

活动二：一起布置小银行

回到幼儿园，我们就和幼儿紧锣密鼓地开始了筹备银行的行动。我们首先遇到的问题是用什么取钱。在请小朋友回顾银行里人们的场景时，琪琪小朋友说："我看见有好几位爷爷奶奶手里都拿了一个红色长方形的小本本。"这时，其他小朋友也纷纷表示同意。还有小朋友补充说："还要有身份证。"于是，教师请小朋友自制存折和身份证。存折由四张纸组成，小朋友自己设计封面。在打开的第一页上要写好自己的姓名和账号，四张纸要装订在一起。这时，有小朋友提出："老师，账号是什么呀？"还没等教师说话，琪琪赶忙说："我妈妈教过我，每个存折上的账号都不一样，账号上有好多数字。"随后，教师也给小朋友解释了什么是账号，并请小朋友自己制定账号。教师提问小朋友："刚才琪琪说每个人的账号都是不一样的，是用好多数字组成的，那怎么来写呢？每个小朋友的账号怎么区分开呢？"这个问题还真难住了小朋友。大家你看看我，我看看你，都没有说话。于是教师继续说："咱们是大一班的小朋友，你们谁能想出怎么来表示？"一个小朋友立即说："可以用 1 来表示。"琪琪接着说："可以是 12345，我看到账号的数字是很多的。"小朋友们表示同意琪琪的说法。但又有小朋友说："那账号也不能都是 12345 呀，每个人的账号都是不一样的。"教师立即说道："那你们有没有什么好办法，让我们每个人的账号都不一样？"这时，有小朋友说："可以用衣帽间柜子上的数字呀。"这时，幼儿纷纷表示同意，都觉得这是个好办法。有小朋友说："我的柜子是 15 号，我的账号就是 1234515。"很快，幼儿就将各自的账号写在了自己的存折上。这样，存折就做好了。

接下来，幼儿就要自制身份证了。有小朋友说："身份证像一张卡一样，硬硬的，我们怎么做呢？"另外一个小朋友说："那我们就把好几张纸给贴在一起不就可以了吗？"但有小朋友反对说："那也太慢了，而且还浪费纸。"这时，有一个小朋友说："我看见我妈妈在整理东西时，让我扔过好几张卡呢。妈妈说这些卡都没用了。"又有小朋友跟着说："我们家里也有没用的卡。"于是，幼儿提议可以把家中没用的卡带过来。幼儿把卡带来之后，先在纸上沿着卡的大小轮廓画出，剪下后用双面胶把纸粘贴在卡上，随后再画上自画像，写上姓名、出生年月等。这样，身份证也做好了。游戏时，幼儿就可以用存折和身份证取钱了。有的小朋友从银行取到钱后可高兴了，说："我取到钱了，可以去文具店买文具啦！"此外，我们还专门准备了一个柜台和一把客人取钱时要坐的椅子，用不同颜色、不同大小的纸制作了 1 元、5 元、10 元、20 元的钱，存放在柜台里。为长久使用，我们还对自制纸币压了膜。经过一系列的准备，我们的小银行终于要开业了。

分析

布置银行的过程几乎都是幼儿自己一步步推动的。教师作为引领与推动者，给予大班幼儿充分的思考、参与机会。此外小银行角色游戏，不仅能让幼儿体验银行工作人员、顾客等角色，而且，游戏过程中渗透着大量数学知识，使其能感受到数学的有用与有趣。

活动三：谁来当银行工作人员

在班级小银行开设之初，很多小朋友都想当银行的工作人员。面对那么多渴望的眼神，我也犯了难。于是，我组织小朋友进行讨论，谁当银行的工作人员更合适。由于幼儿已有了参观银行的经验，所以幼儿对银行工作人员的工作有一定的了解。经过讨论，小朋友们说银行的工作人员是负责给大家存钱取钱的，所以一定要认识数字，一定要会计算。这样，大家很快就推选出班级数数和计算都比较好的咔咔小朋友先来扮演银行的工作人员，因为他是班级里的"计算大王"，数数又快又准确，还会做 50 以内的加减法呢。当然了，如果其他小朋友愿意，也可以在以后的游戏中尝试。

分析

针对幼儿游戏行为中出现的问题，教师辅导幼儿进行讨论，共同提出解决问题的方法。这样做符合大班幼儿的特点，也使其学有所得。

活动四：秩序混乱的银行

小银行和文具店开设后，很受小朋友们欢迎。但由于一开始都是取钱的顾客，出现了取款时人多、不排队、秩序乱的情况。这时，教师与小朋友进行讨论：游戏中，我们要怎么保证游戏的秩序和安全？幼儿提出很多方法，首先是一定要排队，还可以有保安这个角色，请保安进行监督。另外也有小朋友提道："我看到银行外地上有画好的线，是提醒人们要排队的。"于是，经过幼儿的商讨，我们在地上画好了排队的线，请扮作保安的小朋友穿上警察制服，提示取钱的小朋友要排好队，不要大声喧哗，要拿好存折和身份证等。经过改进，幼儿在取款时秩序良好。这不但提升了幼儿主动排队的意识，还使幼儿学会了协商分配角色，合作布置游戏场所。

分析

小银行自建立以来持续了非常长的时间，因为幼儿无论是玩文具店游戏，还是玩超市游戏，还是玩开火锅店游戏，都少不了钱的使用。于是我们根据具体需要不断调整，让小银行成为班级陪伴幼儿成长的一个重要平台。

8. 服装设计店

刘川川

背景

大班幼儿随着年龄的增长，开始建立自己独特的审美观。每当他们穿一双新鞋子或新衣服的时候，他们都会很炫耀地走到教师或小朋友面前展示一下，告诉别人这是自己的新衣服、新鞋子。而且在与家长平时的沟通中我也了解到幼儿在家里都是自己挑选衣服。他们对自己的服饰搭配很在意。抓住这个关键点，我决定在角色区开展服装设计店游戏，鼓励幼儿在游戏时制作自己喜欢的服饰，并穿着自己的衣服在表演区进行表演（图 4-56）。

目标

让幼儿观察自己和周围人的着装，感知了解服装的不同种类与不同款式；让幼儿学习人际交往的规则和技能，增进同伴关系，发展社交能力；让幼儿主动表现所扮演的人物，感知多种社会角色；让幼儿能大胆表达自己的想法，尝试自己解决交往中的问题。

图 4-56　美丽的服装店

过程

活动一：漂亮的衣服

幼儿喜欢在过渡环节讨论自己穿的衣服。于是，我们围绕"好看的衣服"这个主题展开讨论。我问："你们今天穿了什么衣服?"幼儿回答说，有袜子、长袖上衣、短袖上衣、裤子等。我又继续问："你们漂亮的衣服上面都有什么?"幼儿又说："有拉链"，"有扣子"，"有漂亮的颜色"，"我的衣服上面有小熊图案"……教师听着幼儿的回答又继续追问："还有什么?"幼儿低头仔细查看自己的衣服，然后说："我的裤子上有裤绳"，"我的衣服上有口袋"……幼儿一边低头看自己的衣服，一边告诉我衣服上都有什么。在我一再追问下幼儿仔细观察衣服上的每一个小细节。后来我又提出问题："那如果我们自己制作衣服，都需要准备什么东西呢?"幼儿没有立即回答我，想了想才说："需要布，衣服都是布做的"；"剪衣服要用剪刀"；"我见过奶奶缝东西是用针和线"。幼儿你一句我一句地说着。我把幼儿讨论的结果都记录下来，然后和幼儿一起收集这些材料并将其投放到角色区中。

分析

在这次讨论过程中，幼儿通过观察自己的衣服，发现衣服的种类有很多，了解了衣服上的基本元素。我又请幼儿思考制作衣服需要哪些材料，幼儿也说出了一些基本材料，如剪刀、针线等。在准备好这些物质材料后，还要帮助幼儿了解制作衣服之前的准备工作，如先确定给谁做衣服，再要确定衣服的款式和尺寸等。当知道这些之后，幼儿就开始跃跃欲试地想给自己做一件漂亮的衣服了。

活动二：我是设计师

活动区的游戏开始了。辰辰和莹莹特别高兴地来到服装设计店，但经过一段时间，两个人看上去无所事事。我扮演顾客，走进服装设计店。"请问你们这能做衣服吗?"我说。莹莹说："可以啊!"我继续说："那你们两个人谁是设计师啊?""设计师?"辰辰看着莹莹笑着说。我又继续说："对啊，你们两个人谁是设计师啊? 我要做衣服。"辰辰看了看莹莹，莹莹说："我是设计师。"我看着辰辰说："那你是做什么的呢?"辰辰看着我，过了一会儿突然说："我是收银员，你做完衣服把钱给我吧!"我点点头表示同意了。莹莹走过来说："你想做什么呀?""我想做裙子。"我回答。我刚说完，两个人就蹲在材料柜面前开始选择用什么颜色的布给我做裙子了。莹莹说："用粉色的吧，粉色的裙子穿上好看，我就有粉色的裙子。"辰辰应和着说："好啊!"于是两个人将娃娃放在选好的布料上，莹莹嘴里还叨唠着：“我要给它和刘教师各做一件特别漂亮的裙子。”说完就开始动手制作裙子了。

活动区活动结束后我请莹莹、辰辰和大家一起分享游戏时的情况。我提出：“服装设计店里都有什么人？”幼儿开始你一言我一语地说着，“有服装设计师”，“有顾客”，“有服务员”，“有收银员”等。我又继续提出：“服装设计师是做什么的？服务员做什么事情？顾客需要说什么？”幼儿纷纷表达出自己的看法。

分析

我观察到幼儿对于服装设计店里的角色认识还不是很清晰。于是我就扮演成顾客参与幼儿游戏，同时通过与他们的互动逐渐让幼儿明确自己的角色。另外在活动小结时我又与幼儿沟通，问他们服装设计店里需要什么角色，这些角色都要做哪些事情。例如，服务员应该主动说：“欢迎光临！”“请问您需要什么帮助？”这时，顾客应该告诉服务员他想做什么样子的衣服。在讨论的过程中幼儿提出要设计一张“订购单”，这样就能根据单子上的提示请顾客详细描述自己要制作的衣服的样式(图 4-57)。

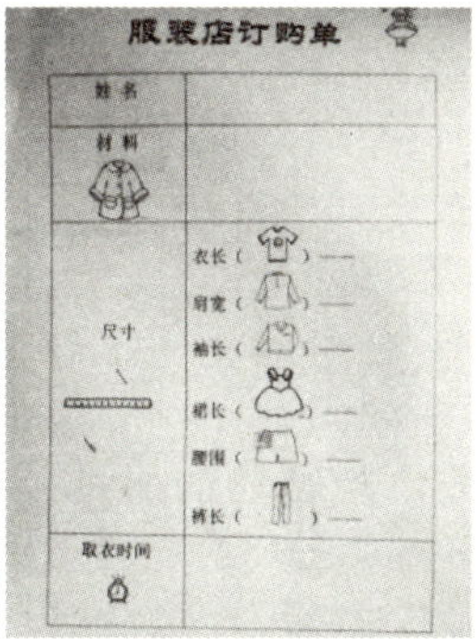

服装店订购单

姓名	
材料	
尺寸	衣长（ ）—— 胸宽（ ）—— 袖长（ ）—— 裙长（ ）—— 腰围（ ）—— 裤长（ ）——
取衣时间	

图 4-57 订购单

活动三：我给娃娃做裙子

在上次讨论结束后，我在服装设计店增加了很多服装制作材料，如报纸、皱纹纸、瓦楞纸、塑料袋、棉花、光盘、小扣子等。今天服装店又开业了，朵朵和兰兰来到服装设计店。朵朵说：“今天我想当设计师。”兰兰说：“好啊，那我当服务员吧！”过了一会儿只听朵朵大声说：“你们谁想来做衣服啊？”她的声音引来了大家的关注，幼儿都朝她的方向看去，但是谁也没有回答，又开始自己忙自己的。因为服装设计店里没有客人，所以朵朵就用这种大声嚷的方法吸引顾客，但是显然这种方法并不见效。朵朵很不高兴地回到了服装设计店里，看着兰兰说："怎么办啊？没有顾客啊？"兰兰走出服装店，来到娃娃家拿着一个娃娃对朵朵说："咱们给娃娃制作衣服吧？"说完，兰兰抱着娃娃回到服装店。朵朵说："我想给娃娃做一件裙子，我想用粉色的纸做。"于是她选择了粉色的皱纹纸。她把皱纹纸放到桌子上，然后用剪刀剪起来。兰兰说："那给娃娃做多长的裙子呀？"这个问题的提出又引发幼儿的思考。怎么测量裙子的长度呢？两个人一起走进美工区找到了一根吸管。兰兰用吸管在娃娃身上测量，测量的结果是娃娃身长两根吸管的长度，于是她们在纸上画出，然后用剪刀剪下来。

分析

在这次活动中幼儿逐渐明确了自己的角色职责。在没有客人的情况下，幼儿想到要去吸引顾客的关注，但是效果欠佳，于是他们又转而给娃娃家的娃娃做衣服。在本次活动结束后我也请幼儿将活动中的问题与大家一起分享讨论。对于如何吸引顾客，幼儿提出发宣传单、价格打折、将漂亮衣服穿在身上吸引顾客等方法。角色区的游戏内容不仅包括社会性的教育而且也能涉及数学领域的内容。幼儿结合实际迁移已有的测量经验，对衣服的长度进行了测量。

活动四：各式各样的服装

服装设计店已经开张很长时间了，幼儿在这个过程中发现问题，解决问题，学会了与同伴合作游戏。在这段时间里幼儿制作了裙子、背心、披风等衣服。为了丰富幼儿对服装款式的认知，我请家长配合收集家里的各种有特点的衣服，并将其带到班级里，如爸爸的衬衣、妈妈不同款式的裙子、还有幼儿的衣服等。

利用集体活动时间我们共同讨论了衣服的款式有什么不同，引导幼儿发现服装上的不同装饰图案，鼓励幼儿尝试制作不一样的衣服。我们还进行了美工活动"我设计的衣服"。幼儿用画笔设计不同的衣服，如超人的衣服、洋娃娃的裙子、卡通人物的背心等。这次绘画活动鼓励了幼儿敢于创新的精神。

分析

当活动区游戏进行到一定阶段时，幼儿的游戏内容出现固定化趋向。为了丰富幼儿的游戏内容，拓展他们的游戏空间，教师设计了一系列的集体教学活动。集体活动"各种各样的衣服"让幼儿了解了衣服的不同款式，知道了相同的衣服因装饰不同就会产生不同的效果。集体活动"我设计的衣服"鼓励幼儿大胆设计自己想象的服装，并将自己设计的服装在服装设计店里做出来。此外，幼儿在表演区里又将自己制作的衣服穿上，进行展示，这样既增强了幼儿的自信心，同时也丰富了表演区的活动内容。

活动五：我行我秀

在一次活动区游戏时，一位小朋友看着服装架上的漂亮衣服说："这么多的衣服啊！真好看！我想把这些衣服穿上给妈妈看看。"从幼儿的话语中我看出她真地喜欢这些衣服。为了更好利用幼儿制作的衣服，我和幼儿一起商量："怎么将这些衣服展示给爸爸妈妈看？"苗苗说："请爸爸妈妈来，我们把所有的衣服挂上。"壮壮说："我们可以穿回家。"天天说："我们走模特，让妈妈看看吧。"还有的小朋友说："我们把衣服放到操场上，哪个小朋友喜欢可以送给他们。"幼儿的想法多种多样，我们商量决定，第一步以"服装表演"活动方式展示给爸爸妈妈看；第二步以"公益赠送"活动方式将幼儿自己设计好的衣服展示在操场上，然后哪个小朋友喜欢我们就可以送给他们。

之后，我们又开始讨论，服装表演都需要准备什么。结论是幼儿要自己制作邀请卡和展示背景；音乐播放师要负责播放音乐；演出剧务要负责布置会场；礼仪小姐要负责在门口接待爸爸妈妈入场；幼儿还要用毛球、光盘等废旧材料为表演制作演出服（图4-58）。

在"公益赠送"环节幼儿一起讨论制作宣传条幅，一起将我们制作的服装进行分类，如按性别分为男生衣服、女生衣服，按类型分为衬衫类、裤装类、裙子类、背心类等。服装介绍人员负责介绍衣服的特点，接待员负责给小朋友找到适合他们的衣服。

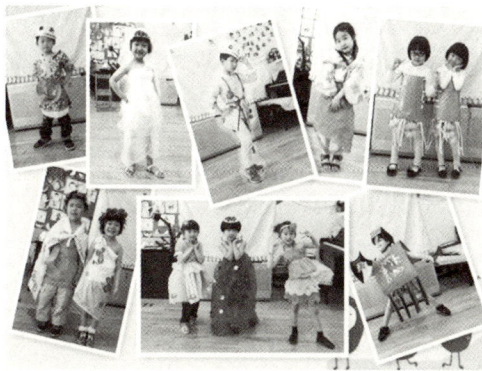

图 4-58　我行我秀

分析

幼儿在这两次大型的活动中学会了分工合作。每名幼儿都能为这次活动做出自己力所能及的贡献，每名幼儿都参与其中感受到在集体活动中自己的价值。幼儿既是表演者也是设计者。家长们看到幼儿的表现也很高兴，觉得这样的实践活动既锻炼了幼儿的自信心，同时也提高了幼儿与伙伴一起合作游戏的能力。

9. 快乐面点屋

王荧晃　夏颀玥

背景

做饭是每个家庭都经历的事，尤其随着现在生活水平的提高，家长们也常常带着幼儿去饭店里吃饭，因此做饭的游戏对幼儿来说并不陌生，有生活经验支持。在新学期，经过讨论，幼儿都希望把角色区创设成自己动手操作性强的面点屋。他们陆续从家里带来了一些面、擀面杖、小盆等材料。

目标

让幼儿扩展对食材及其做法的认识，增强动手能力，了解面点师傅的劳动特点，体会与顾客交往的乐趣；让幼儿初步学习和掌握协商、轮流、合作等友好交流的策略和技能；让幼儿在取放和收拾整理材料时能保持环境整洁。

过程

活动一：面点屋的筹备

当我们决定要开一个面点屋时，幼儿都很兴奋。我们一起讨论面点屋里可以做什么，幼儿说："可以做面条"，"可以做饼干"，"可以做月饼"，"可以包饺子"……淘淘说："我最爱吃香菇鸡肉面了，我们做香菇鸡肉面吧！"话音刚落，幼儿又都开始说自己最喜欢的食物。教师把幼儿说出的各种食物写在了黑板上。经过讨论，最后我们商量出在面点屋可以做以下几种食物：面条、饺子、烙饼、饼干、月饼、蛋糕。面条又分为西红柿鸡蛋面、酸汤肥牛面、香菇鸡肉面等。饺子又分为白菜猪肉水饺、韭菜鸡蛋水饺、三鲜水饺等。

我们邀请家长来园与小朋友一起制作辅助材料。家长和小朋友兴致很高，积极参与。大家集思广益运用了各种材料进行制作，如开开妈妈和开开一起用化妆棉做肥牛，丫丫爸爸和丫丫用超轻黏土做香菇，佩林妈妈和佩林用纸板做西瓜……大家制作的食材越来越丰富。

与此同时，我们也考虑到，大班幼儿生活经验丰富，一些橡皮泥、黏土等做的食物已经不能满足幼儿的操作兴趣了，因此我们尝试用真实的面粉材料让幼儿进行操作。小朋友得知后，都很开心，纷纷从家中带来了面粉。经过充分的准备，我们的面点屋马上就要开业啦！

分析

在角色区创建初期，教师一定要与幼儿一起商讨游戏的内容，只有这样才能保证在以后的游戏中幼儿愿意来玩。在材料上，可以是幼儿单独制作，也可以是家长和幼儿共同制作，这样会增加幼儿参与游戏的积极性。

活动二：我们配合最默契

面点屋终于火爆起来，刚开张时由于小朋友都很感兴趣，导致顾客越来越多。二宝忙着和面，杨涵琪跑出跑进地拿着工具，开开还要忙着点餐、送餐……幼儿忙得不可开交，有时候开区的时间里小客人点的餐都还没有送，区域活动就结束了。就这个问题，我们在当天的区域评价时间里和面点师们一起进行了沟通。二宝说："我在这和面，让杨涵琪帮我拿工具，杨涵琪总是太慢了。"杨涵琪说："我还要收钱呢，没时间帮你拿。""针对面点屋忙不过来的问题，我们和小朋友一起商量了解决办法。在区域活动开始之前，请今天的面点师先到区域当中准备好今天要用的面和相关工具，等待小客人的到来。其次分配好每个人的角色，如二宝负责和面和做面食，杨涵琪负责准备材料和记录小客人的点餐情况，而开开负责送餐以及收拾餐桌，这样的分工合作使他们的游戏活动开展得更加顺利（图 4-59）。

图 4-59 我会擀面

分析

大班幼儿随着生活经验的逐渐丰富，对周围生活的人和事都有极大的热情和好奇。他们在活动中的自主性和主动性进一步提高，能够提出自己的想法，发表有关的建议。作为教师，我们应该理解幼儿，更好地帮助他们实现自己的愿望。在这个活动的后续环境创设和游戏过程中，教师要不断倾听幼儿的想法，归纳提炼幼儿的建议。教师可以提问："在我们的面点屋里，面点师要做些什么呢？做面食的同时要注意什么？可以用到哪些辅助工具呢？顾客要怎样做？"在讨论的过程中，快乐面点屋的环境创设、规则等诞生了。讨论的过程也无形中为幼儿创造了一个轻松、自主、有规则的活动氛围，让幼儿真正成为活动的主人。

活动三：我的游戏我做主

在游戏中为节约时间，顾客点完餐后，就去玩自己的区域活动。面点屋的小厨师们便开始做顾客点的食物，当食物做好后，邀请顾客来进餐。后来，小朋友发现了问题：小厨师总是会忘记顾客点的是什么食物或是漏做一些顾客的食物。对此问题，教师引导幼儿想办法解决。班中一位小朋友提议说："我们来做一个点餐卡吧！谁点餐了就把名字写在点餐卡上，这样小朋友点什么就不会忘记了。"小朋友都觉得这个提议很好。

随着游戏的开展，小厨师们的技术越来越高超了，做的食物外形越来越像，做食物的动作也越来越熟练。有一天，一位小朋友跑过来跟我说："老师，昨天我妈妈给我做了甜甜圈，我觉得特别好吃，今天我想去面点屋做一些给小朋友吃。""这可太好了，那你会做吗？"我问。"会做，昨天妈妈做的时候，我在旁边学呢！""那好，那你今天做一些吧。"那天，这位小朋友给大家做了甜甜圈，得到大家的一致好评。从此，班中的小朋友会经常从家中学一些新鲜的面食做法，来面点屋做给大家吃，大家也会互相学习。就这样，面点屋里的食物越来越丰富。在面点屋里，幼儿尽情体验游戏的快乐。

分析

幼儿的游戏是一个循序渐进的过程，幼儿在游戏中会发现问题，解决问题，因此作为教师一定要把权利交给幼儿，不能包办代替。幼儿发现问题，说明幼儿已经真正融入进这个游戏，并有主人翁的意识。幼儿解决问题，说明幼儿会动脑思考、经验迁移。当得到大家的认可时，幼儿还会获得成功的体验，增强自信心和集体归属感。因此教师作为支持者，要肯定幼儿在游戏中的发现，关注幼儿的兴趣和需要，这样才能促进幼儿的良好发展。

游戏是幼儿真实自然的学习活动。幼儿在游戏中积极主动的探索，认识周围的环境，建构自己的经验。在角色游戏开展过程中，在与同伴、材料的互动中，幼儿会产生新的游戏兴趣与需要，出现新的游戏主题和情节。作为教师应当尊重幼儿的兴趣和想法，采取适当的方法丰富和扩展幼儿的经验，帮助幼儿实现他们的想法。游戏是幼儿的，我们要将游戏主动权交给幼儿，这样才能让他们玩得更快乐。

10. 清友小剧场

谷　筝　胡雪莲

背景

大班下学期初，幼儿观看了皮影戏的表演，并对此产生了浓厚的兴趣，于是他们制作了各种角色的皮影，在班级内演出。经过一段时间后，幼儿对表演的需求不断提升，他们渴望更大的舞台、更多的观众。于是我们把舞台移到了多功能厅，开展了清友小剧场的角色游戏活动。

目标

引导幼儿了解剧场工作人员角色分工及工作内容；引导幼儿在活动中能够通过相互商量来分配任务。

过程

活动一：第一次表演结束后

有一天，乐乐说："咱们表演皮影戏吧！"茚茚说："我不想去，光影小屋太小了，我还是去别的区吧！"乐乐说："我觉得也是，你看，我们能不能到多功能厅去表演，上次小蚂蚁剧团不就是在那儿表演的吗？"幼儿找到教师，征求了教师的同意，带上表演的道具去表演了。区域活动结束后，两个小朋友兴奋地和全班小朋友说："我们今天去多功能厅表演皮影戏，我们觉得很高兴，要是明天有观众去看就更好了。"小朋友们都很捧场，争先恐后地要去看。宸宸说："你们不能都去，要不就太乱了，班里都没有人了。"乐乐说："我们可以邀请一部分小朋友先去看，其他的小朋友可以明天再来。"宸宸说："我们怎么知道谁先去呀。"天天说："可以发票，在票上写上日期就好了。"于是我们一起制作了观看皮影戏的入场票。

第二天，乐乐早早地来到多功能厅的门口，等待着观众的到来。她仔细核对入场票的时间，并邀请小朋友就坐。节目开始了，大家看得非常认真，不停地鼓掌。

分析

幼儿自发在多功能厅开展了小剧场的活动。第一天的表演没有观众，于是小朋友们在区域分享时邀请其他小朋友来观看，并在讨论中商量要制作入场票，并在票上注明时间。既然有了入场票，就又自然出现了检票员的角色。这时候，教师要通过谈话或看视频的方式让幼儿了解检票员和演员的职责，并引导幼儿思考活动中还可以增加哪些角色。

活动二：忙碌的演出

今天区域活动结束后苒苒说："今天有很多小朋友来看我们的表演，我都快忙不过来了。"教师问："那你都做了些什么？"苒苒说："我得先去把表演要用的东西准备好，然后去检票，再去表演，表演的时候要换各种角色的皮影，同时还得放音乐，演出结束后我还要收拾。"妞妞听到了说："哇！那是很忙啊！明天我可以去帮你放音乐，这个节目我最熟啦！"这时候天宝也跑过来说："那我去检票吧。"妞妞又说："我也可以帮你先把表演用的东西搬过去。"

第二天，在两位小朋友的帮助下，演出有条不紊地进行，观众等待的时间也减少了，演出效果很好，得到了观众的一致好评。在分享时间，苒苒说："谢谢妞妞和天宝的帮助。"其他小朋友说："明天我也可以去帮忙啊！""我可以当音响师！""我可以当检票员！""我也可以当检票员！"大家的热情很高，都争着抢着去帮忙。可是不能全都去呀，这时候墨墨说："我们做个工作牌吧，谁是什么工作大家一看就知道了。""对，有工作牌的去帮忙，没有的就下次再去。"工作牌做好了，小朋友们带着工作牌去表演就更加自豪了。

分析

本次活动结束后，幼儿制作了音响师、检票员、演员的工作牌，角色意识更加明显。由一人扮演多种角色，到学会分工让每个人都扮演不同的角色，幼儿能够在游戏的过程中提出问题和建议，幼儿之间也愿意相互帮助共同解决问题。

教师应鼓励幼儿佩戴工作牌，增强责任感。游戏中，教师应有意识地询问幼儿，让幼儿回答，"今天我是某某，我的任务是……"，帮助幼儿细化自己的角色及职责。

活动三：再一次完善

演出快要开始了。小米找到教师说："老师，他们都想坐第一排，我说了坐哪儿都一样，他们都不听我的。"教师说："那你准备怎么办呀？"小米说："我把两把椅子往前挪了。"教师说："那很好呀，大家都如愿以偿地坐到了第一排。"小米又说："万一下次观众多了怎么办，不能都坐第一排呀？"我听了说："一会儿分享的时候，请小朋友帮你想一想，好吗？"

区域活动结束了，小米说出了自己遇到的问题，大家都来帮他出主意。有的说："可以让个子矮的坐前面，个子高的坐后面。"有的说："在票上写上座位号，按座位号坐。"还有的说："先来的坐前面，后来的坐后面。"经过讨论，我们一致决定：在票上写上座位号，先领票的坐前面，后领票的坐后面，同时在椅背写上号码。乐乐又说："那万一有的小朋友坐错了怎么办!"天天说："可以有个座位引导员，告诉小朋友应该坐哪儿。"睿睿说："有的小朋友看节目的时候总是说话，引导员也可以提醒小朋友们要安静。"

分析

本次游戏出现了争抢座位的问题，小米能够自己想办法解决问题，并且发现新问题。教师在活动中，没有直接出面帮助解决，而是鼓励小米询问小朋友，大家一起商讨解决的办法。幼儿提出了多种可行的办法，从中能够看出他们有一定的生活经验。

教师应鼓励幼儿在和父母一起看演出时观察剧场中工作人员的角色，并把经验迁移到游戏活动中。教师还可通过照片记录，将幼儿在游戏中遇到的问题提出来，请小朋友们共同帮助解决。

活动四：邀请更多的观众

游戏进行一段时间后，到多功能厅观看皮影戏的小朋友越来越少了，可是小朋友们表演的热情却依旧不减。面对着没有观众的场面，演员们动起了脑筋。涛涛说："我们邀请其他班的小朋友来看表演吧。"楠楠说："好呀，我们拿着票去，就当成是邀请卡。"演员们达成一致，去邀请观众了。

表演结束后，其他班的小朋友很喜欢。有的说："我明天还想来看!"有的说："我们可以叫上我们班其他小朋友一起来。"第二天演出，场面更加火爆。观众多了，演员们表演的热情也提高了。检票员和引导员也表示这是最忙碌的一场表演。

分析

本班幼儿都已经看过皮影戏的演出后，观众的人数越来越少，而通过对其他班级幼儿的邀请，幼儿有了更广阔的交往平台与空间，更加促进了幼儿社会性以及交往能力的发展。

教师应鼓励幼儿大胆实现自己的想法，为幼儿进一步地提升游戏水平提供支持。教师可以和幼儿一起规范检票、演出等流程，鼓励幼儿之间的分工合作。

活动五：清友小剧场成形

有一天，乐乐说："每次都是其他班小朋友看我们的皮影戏，我们能不能也去看看他们的表演。"教师说:"可以呀!"浩浩说:"把他们也邀请到多功能厅一起表演就行啦。"苗苗说:"对呀,我和妈妈一起看的表演都是有好几个节目呢。"小朋友们越讨论越兴奋。乐乐说:"我们的观众肯定会更多的。"开开说:"我们的剧场得有个名字啊。"图图说:"我们还得有节目单。"浩浩说:"哇!要是观众很多的话检票员又忙不过来了。"苗苗说:"可以增加一个检票员呀。"

经过讨论,幼儿决定把剧场的名字命名为清友小剧场,还一起制作了节目单,并以图画形式描绘了演出的注意事项。小朋友们提前把本班的节目贴在节目单上,大家就知道表演的节目有哪些,顺序是什么了。

经过几天的准备,第一次演出正式开始。工作人员都在忙碌着,演员们的表演也很卖力,观众很有秩序,不断地拍手叫好。亮亮说:"这次演出真成功。"(图 4-60、图 4-61)

分析

由本班自发的皮影戏演出到全园的清友小剧场,幼儿的智慧真是让我们吃惊。活动中不断有人提出自己的想法,幼儿也勇于尝试,在游戏中体验到了分工与合作。根据日常观看演出的经验,幼儿讨论了剧场需要的工作人员有哪些,每个人的工作是什么等内容。随着游戏的推进,剧场的活动更加完善。

教师在此应与幼儿一起布置清友小剧场,使得剧场更加有舞台效果。教师还应观察演出中还有哪些环节可以改进。例如,主持人怎样报幕更加精彩,在下一个节目准备的时间里可以做些什么,等等。这样能帮助幼儿进一步提高游戏的水平。

图 4-60　清友小剧场

图 4-61　剧场规则环境

第五章　角色区活动组织中的常见问题

第一节　小班角色区活动组织中的常见问题

1. 幼儿将娃娃家的玩具拿到其他区，教师该如何引导？

❓ 问题描述

在娃娃家游戏时，经常会出现一些幼儿带着娃娃家中的玩具到别的区域去玩的现象。例如，幼儿喜欢推着小车带着娃娃到图书区去看图书，也喜欢拿着娃娃家的相机到其他区给小朋友照相。

🔍 解决建议

在这种情况下，教师应正确引导幼儿，既要鼓励幼儿积极与其他区域的小朋友交流，又要提醒幼儿不要影响其他小朋友在活动区的活动，活动结束时要把玩具材料送回家。为了能让幼儿之间建立良好的交往秩序，可以采取一些小措施。例如，让积木区的小朋友先休息一会儿，品尝一下来自娃娃家同伴送来的美食，感受被他人关爱的幸福，并向同伴表示感谢。对于有的幼儿因不了解物品的特性而不能将物品准确分区的情况，教师可以利用过渡环节的时间准备一些物品图片，引导幼儿将其分类。在游戏的过程中教师还要教会幼儿正确的交往技巧，学习使用一些基本的交往用语，如"等会儿好吗"、"打扰一下"等。这些交往的方法，能够更好地帮助幼儿提高交往的成功率，增加幼儿交往的兴趣和自信。

（刘川川　陈　凡）

2. 幼儿在活动中出现争抢角色的问题时，教师该怎么办？

❓ 问题描述

小班幼儿的游戏特点是平行游戏。他们的行为容易受周围同伴的影响，看到别人做什么自己也要做什么。因此，小班幼儿经常会自觉不自觉地重复他人的行为，体现在角色区活动中即会经常出现几个小朋友想要同时扮演一种角色的情况。例如，在小厨房游戏里，幼儿争当小厨师；在娃娃家游戏中，幼儿争当妈妈。

🔍 解决建议

第一，观察原因，适当调整游戏规则。当班级大部分幼儿经常出现争抢同一角色的问题时，说明问题具有普遍性，教师可以改变角色区的一些规则，同一角色人数可以增多。例如，甜品屋里厨师可以增加两到三人，每个厨师分工不同，这样既减少角色的争抢也减少了玩具的争抢。

第二，介入游戏进行个别指导。当角色争抢的问题总是出现在同一个幼儿时，观察该幼儿是在哪个环节出现的问题，在找出问题的原因后，教师可以角色的身份适时介入游戏中对幼儿进行个别指导，帮助幼儿正确选择角色。

第三，积极引导幼儿。游戏中教师要尊重幼儿的个人愿望，同时引导幼儿学习轮流、等待、协商等交往规则；引导幼儿知道扮演不同的角色都很好玩，鼓励幼儿去尝试、体验不同的角色；引导幼儿掌握解决问题的方法，知道如果出现了争抢角色的问题应当如何解决。例如，谁担当什么角色可以用石头、剪刀、布的方式来裁定，赢的小朋友可以选择自己喜欢的角色，输的小朋友第二天再扮演自己喜欢的角色。

第四，丰富幼儿生活经验。角色游戏是幼儿对现实生活的反映，幼儿的生活经验越丰富，角色游戏的内容也就越充实、越新颖，也就越吸引幼儿游戏。

（胡雪莲）

3. 如何引导游戏时总是打扰别人的幼儿？

❓ 问题描述

在娃娃家中，慧慧和田田都在摆弄着娃娃的衣服和食物。田田在摆弄的时候大声对娃娃说："来，乖宝宝，我们吃饭了。"坐在一旁的慧慧皱皱眉，觉得田田很吵。

🔍 解决建议

第一，鼓励幼儿将自己的想法说出来。如果慧慧觉得田田说话声音太大、很吵，要直接告诉田田，让田田意识到自己的问题。

第二，情境表演法。通过情景表演的方式，让幼儿自己发现问题。

第三，故事讲解法。教师可讲述一些有意思的小故事，让小朋友从故事中学习道理，知道打扰别人是不对的。

第四，家园共育。教师和家长可共同引导幼儿在游戏时要注意不影响别人，交流时不要大声喊叫。

（贾　爽）

4. 幼儿只喜欢玩一种角色，别的都不想玩了，教师该怎么办？

❓ 问题描述

班中的辰辰小朋友很喜欢到家庭区当小厨师。一次在区域活动时，他与另外一个小朋友发生了争吵。小朋友告诉我："辰辰每天都来当小厨师，我也想当小厨师。"我问："你们为什么都想当小厨师呢？""因为小厨师可以做东西。"辰辰说。

🔍 解决建议

针对幼儿的兴趣点，引导幼儿去尝试每个活动区的活动。小班幼儿很喜欢模仿教师做事，于是我就拿出玩具区的管道玩具在辰辰面前拼插。他马上就发现了我的游戏，问我："老师你在干什么？""我在用这个玩具拼成一个圆圈当作甜甜圈，然后送给家庭区的宝宝吃。"辰辰一听就很感兴趣，于是他也拿着那筐玩具做起了甜甜圈。"老师，你看我给家庭区宝宝做了不同口味的甜甜圈。"果然辰辰分别用红色、蓝色和绿色拼插了不同的甜甜圈。然后我又问他："辰辰，你想一想在其他区还能不能用什么材料给家庭区做好吃的？"听后，他马上就去找。他来到了美工区，找到一个大纸盒和一个小纸盒，把它们粘在一起，拿着纸盒走到我的面前说："老师，我用纸盒做了一个大蛋糕。"我马上给予了鼓励："辰辰真厉害，你在不同的区域用不同的材料给家庭区做了这么多的好吃的，那你快拿到家庭区让他们尝尝吧。"听后，辰辰高兴地去了。

要尊重幼儿的人格和权利，尊重幼儿身心发展的规律和学习特点。每个幼儿的想法是不一样的，教师应通过多种形式的引导，让幼儿富有个性地发展。教师应找到幼儿的兴趣点，引导幼儿用多种玩具材料来尝试，让幼儿自己去想象不同玩具材料的多种玩法，这样幼儿便会自主地进行各个区域的游戏活动了。

（贾　爽）

5. 幼儿长时间霸占玩具，教师该怎么办？

❓ 问题描述

活动区时间开始了。一些小朋友来到娃娃家进行游戏：有的幼儿抱娃娃睡觉；有的幼儿洗菜、做饭；还有的幼儿在整理房间。过了一会儿，个别幼儿找教师反映，有的小朋友总是自己一个人和娃娃玩，而且不让别人碰娃娃。

🔍 解决建议

小班初期幼儿间游戏属于平行游戏，幼儿都喜欢自己玩自己的玩具，不让其他幼儿玩。有些幼儿是喜欢选择那些大家都喜欢的玩具来长时间霸占，他们会觉得既然大家都喜欢玩这个玩具，一定十分有趣，这个玩具是我先拿到的，就只能我自己玩。还有的小朋友只认准一种玩具玩，别的玩具不会玩也不敢去尝试。幼儿的这些表现是因为幼儿间没有分享和谦让的良好行为习惯，这与幼儿入园前的家庭教育有着密切的关系。现在大部分的幼儿都是独生子女，在家里所有的家人都会围着幼儿转，去满足幼儿的要求，这就导致他们从小缺少与同伴间的分享的习惯。

第一，教师要在平时的生活中渗透一些关于谦让、与同伴分享的良好品德的教育，让幼儿从中体会与其他幼儿分享玩具的快乐。

第二，教师可以增加幼儿喜欢的玩具数量，在资源上减少幼儿等待玩具的时间，并与幼儿讨论不同玩具的玩法，分散他们对单一玩具的兴趣。

第三，在平时生活活动时间教师可与幼儿讨论：如果你想玩的玩具被其他小朋友玩，你该怎么办；如何与同伴进行分享。

第四，游戏前制定游戏规则，让大家要轮流玩玩具。减少因长时间霸占玩具而发生幼儿之间争抢玩具的现象，并要适时表扬那些懂得分享玩具的幼儿。小班幼儿相互之间有模仿的意识，他们都希望得到教师的表扬，从而达到教育的效果。

（范如意）

6. 幼儿在玩切东西的游戏中产生了噪音，教师该如何引导？

❓ 问题描述

娃娃家的一位小朋友将切东西的玩具放在桌面上玩起来。陆续过来两个小朋友和他一起玩，他们越玩越高兴，越高兴就越停不下来，切东西的声音越来越大，很打扰周围玩游戏的其他人。

解决建议

教师在引导幼儿时，可以通过角色扮演来加入小朋友的游戏，在角色游戏中解决幼儿出现的问题。例如，教师轻轻地来到他们身边，小声问："请问今天我可以来娃娃家做客吗？"一个小朋友说："可以，那你想吃点什么呢？"教师说："我想吃点蛋糕可以吗？"小朋友说："那你坐那儿等一会儿吧，我们现在就做。"说完，这个小朋友不再玩切东西的玩具，开始做起蛋糕了。另外两个小朋友看到他开始做蛋糕，切东西的声音就慢慢地减弱了。

（王红敏）

7. 幼儿去做客但无敲门意识，随意乱闯，教师该如何引导？

问题描述

娃娃家的游戏开始了，班级中有的幼儿想到娃娃家做客。这些客人直接闯进娃娃家，坐在了沙发上，拿起了娃娃家里的玩具开始玩，娃娃家的主人十分不高兴，皱着眉来找教师告状。

解决建议

第一，在游戏前，教师一定要提前讲清楚规则。教师要提示幼儿到别人家做客需要说什么做什么才显得有礼貌，让幼儿回忆自己去别人家做客的情景。

第二，在日常生活中，教育幼儿养成良好的礼仪习惯。例如，人多时需要排队，不要插队和推搡同伴；当别人说话时不能够随意插话，想表达时等别人说完再说，等等。当幼儿做了不对的事情时，教师应该提醒和引导幼儿及时道歉，可以从幼儿自身的角度来引导："上次小朋友不小心打到了你的胳膊，你是不是很疼？现在你不小心打到他了，跟他温柔地说个对不起，那他就会好一些了。"

（周金硕）

8. 娃娃家中椅子倒了，幼儿没有意识把它扶起来，教师该如何引导？

问题描述

在活动区活动当中，每个幼儿都已经开始游戏，全身心地投入活动当中去。玩着正高兴的时候，突然娃娃家的小椅子倒了，但没有幼儿去关注椅子倒了这件事，有的幼儿直接从倒了的小椅子旁边走过，没有去扶小椅子。

解决建议

幼儿期是习惯养成的关键期。3—4岁幼儿开始初步地具备对社会行为规范的认识，能做最直接、最简单的道德判断。小班的幼儿看到椅子倒了不知道把它扶起来，反映出小班幼儿对自己的行为没有养成自我服务意识及对自我行为负责的习惯。教师这时候可以扮演小客人到娃娃家做客，说："你们家的椅子怎么倒了啊？"这样能引起幼儿关注倒了的小椅子并把它扶起来。不光是在区域活动中，在日常生活中教师也要使幼儿养成这种良好的习惯。

第一，结合幼儿的一日生活，建立日常规则，让幼儿树立规则意识。

第二，根据幼儿年龄特点，编成小儿歌，调动幼儿的积极性，使其产生帮助同伴的成就感。

第三，利用各种教学情境，帮助幼儿认识习惯养成的重要性。

第四，设计主题活动方案，提升幼儿为集体服务的意识。

（闻　静）

9. 当幼儿不愿意帮别人捡掉在地上的东西时，教师该如何引导？

❓ 问题描述

三位小朋友选择玩面包店游戏，浩浩当面点师，悦悦当服务员，萱萱当小客人，玩得不亦乐乎。面点师把许多面包放在烤箱里准备烘烤，由于面包太多，有一个面包掉在了地上。面点师并没有因为面包掉在地上而影响自己接下来要做的事情，继续按动烤箱的按钮。服务员看到后也径直地走了过去，客人看到后也依旧坐在沙发上等餐。

🔍 解决建议

区域活动是一种幼儿自由选择、自由探索的自主活动。它可以让教师去了解每个幼儿的兴趣、能力、发展水平以及学习方式，照顾幼儿的个体差异，使幼儿的天性得到满足，潜能得以发挥。

第一，设置情境。教师要很好地把握幼儿的兴趣点和生长点，让各种玩具成为幼儿的"宝宝"，让整理玩具的行为在游戏的情境中进行，寓教于乐。

第二，针对小班具体形象思维的特点，教师要运用直观的图片，通过主题讨论活动"谁对谁不对"帮助幼儿认识行为的对错，树立正确的是非观。

第三，采取鼓励法。当幼儿帮助他人时要告诉他做得对，而且说得越具体越好。"你帮助小朋友捡起了掉在了地上的玩具，你看他多高兴啊！"

第四，运用情景迁移的方法。选择合适的故事讲给幼儿听，将故事的情节迁移到幼儿的生活中，让幼儿想一想故事中的小主人公是怎样做的，引导幼儿愿意关心帮助小伙伴。

（王玥琳）

10. 听到收玩具的音乐，幼儿扔下玩具就走，对于这样的情况该如何引导？

❓ 问题描述

在活动区活动的时间，因为幼儿在做自己喜欢的游戏，所以每一名幼儿都会在游戏中专心玩玩具。可每当活动区活动时间就要结束，收玩具的音乐已响起的时候，班上就会有一些幼儿急着放下手里的玩具，急匆匆地走了。

🔍 解决建议

幼儿的游戏活动要有良好的开端、有趣的过程、愉快的结束和再做游戏的愿望，所以，整理好场地也是结束游戏的重要内容。

第一，影像再现。运用影像的方法，让幼儿重新温习他们收玩具的情景，以使幼儿知道，玩具也有自己的家，只有整齐摆放好玩具才会吸引大家去玩；如果丢下玩具不管，玩具的"心情"肯定不好。

第二，正面鼓励。对幼儿的收拾玩具的行为应进行肯定，奖励方式是粘贴红花，或盖印章，让大家比一比，看谁的红花或印章多。

第三，分层次地收玩具。由于每个区域里的玩具不同，在收拾玩具的时间上也是大大不同的，因此，教师要有意识地让幼儿分层次地收玩具。例如，娃娃家的材料多而不易收，教师可以用情景化的语言引导幼儿提前几分钟整理玩具，也可以把收玩具音乐加长以给幼儿充分的时间收拾玩具。但如果遇到故意不收玩具没有责任感的幼儿，那怎么办？教师就要采取些技巧了。我们可以利用游戏中的角色身份，引导幼儿认真、有序地收玩具。例如，当餐厅游戏结束时，我们就以主人的身份说："今天已经天黑了，餐厅要关门了，你们能不能帮我们把食品和餐具都整理好，我们明天会再请你们吃点心的！"

第四，耐心帮助引导。当幼儿确实一个人完成不了收玩具的任务时，教师可以给予适当帮助，但不要包办。另外，耐心等待也很重要。如果教师在一旁不停催促、指点，很容易让幼儿失去耐心，从而放弃收拾玩具的行为。

（袁丽丽　安佳星）

11. 如何指导教育随意破坏玩具的幼儿？

❓ 问题描述

活动区活动时，教师把用布缝制的饺子投放到小厨房里，可是还没玩几天，好好的饺子就被幼儿给撕开了。我问他们："饺子怎么都坏了？"幼儿这样说："老师，我想看看饺子是什么馅儿的。"教师又发现班里好多的玩具刚玩几天就被损坏了。对此，幼儿往往会说："我想看看里面是什么样的。"面对这样破坏玩具的幼儿，教师该如何指导教育呢？

Q 解决建议

如果我们了解了幼儿行为背后的原因，就会发现，其实幼儿的行为有时不能用破坏来定义。因为破坏通常都是故意去损坏，但是很多幼儿之所以破坏玩具，实际上是因为他们在进行探索和发现。

第一，了解幼儿的游戏特点及表现，正确调整教育策略。在幼儿活动材料的投放时要做一些思考，可选用一些半成品来代替成品，这样给了幼儿自己去搭配、组装的机会，幼儿就不容易产生好奇而把玩具破坏掉。但如果幼儿就是粗暴地、故意地毁坏玩具就另当别论了。教师要引导他爱护玩具，还要让他对毁坏的玩具进行修补，同时与家长达成共识，用从家带来的玩具作为补偿。

第二，引导幼儿了解玩具的构造。幼儿既然是想用他的方式了解这个世界，教师可以先拿一辆已坏的汽车玩具给幼儿讲一讲内部的结构，告诉他们各种汽车的里面都一样的，只是外形不同。如果教师能和幼儿一起把汽车修好就更好了，这样能满足幼儿的求知欲。如果幼儿很喜欢动手操作游戏活动，家长可以给幼儿专门买一些拆装玩具，在玩中能进一步强化幼儿的动手能力和创造性思维。

第三，引导幼儿正确地玩玩具。班里有新玩具时，要向幼儿介绍玩具的名称、特征、性能和玩法。当幼儿能够理解和掌握玩具的操作方法时，让幼儿独自玩弄玩具，发现幼儿玩的方法不对时要给予引导。

第四，引导幼儿爱护玩具。引导幼儿爱护玩具，单纯靠口头说教是不够的，还应该采用一些幼儿能够理解并易于接受的方式，激发幼儿对玩具的情感，使幼儿产生爱护玩具的动机。例如，进行一个"坏玩具哭诉"的话题，把那些坏了的玩具集中起来，"哭诉"幼儿在日常生活中不爱护玩具的种种行为，让幼儿对照自己的行为看是否像玩具哭诉的那个样子，这样易于被幼儿理解和接受。

（袁丽丽　丁雨新）

12. 如何指导幼儿收放玩具？

？ 问题描述

角色区活动时间结束的时候，教师经常会发现角色区没有人打扫，玩具被丢在教室的各个角落，材料到处都是，有的幼儿身上还遗留着材料。很多幼儿都不会按类摆放玩具，如动物玩具被放在书架上，几种玩具被放在同一个框里，等等。

Q 解决建议

第一，丰富知识。教师可首先引导他们认识玩具材料的名称，知道它们的用途，然后在区域活动中以游戏的方式引导幼儿按照教师的提示找到相应的玩具或者材料，使幼儿逐渐知道玩具材料属于哪一类，这一类都有哪些物品，等幼儿熟悉后分类摆放就比较容易了。另外，还应贴上相应的标记，引导幼儿按照标记分类摆放。活动区活动结束后，可以邀请那些不会分类摆放的幼儿，和同伴、教师一同整理收拾玩具，教师进行随机指导。

第二，因势利导。单纯的收拾、整理显得比较枯燥，幼儿往往兴致不高。如果把它设计成游戏的形式，幼儿就会十分乐意去做。例如，在玩具箱上贴上小图画，贴上动物园图画的玩具箱表示要放长颈鹿、狮子等动物玩具，贴车库图画的玩具箱表示要放汽车玩具，借机让幼儿学习分类、归属方面的知识。

第三，语言启发。教师可用鼓励、设疑、反问等口吻启发幼儿去探索和思考，从而激发幼儿自主学习的兴趣。例如，"比一比谁的小手最能干"，"把布娃娃送回家"，"你觉得这样做好吗"，"应该怎么做会更好"，"请你把它放回原来的位置好吗"。教师也可以融入环境中，抱起地上的玩具说："玩具怎么哭了?"这种介入式的行为提醒，既纠正了幼儿丢玩具的现象，又丰富了游戏环节，很容易被幼儿理解和接受。

第四，榜样影响。就是以他人的思想、行为来影响幼儿的方法。在日常生活中，创设情境，利用故事、儿歌、表演等形式，引导幼儿知道，整理物品是具有责任感的表现，能够受到大家的赞扬。教师要及时表扬收拾整理物品的幼儿，给幼儿树立良好榜样，使幼儿产生良好的行为意识，促使幼儿自觉地进行模仿。

第五，教给幼儿正确的收拾方法。对于年幼的幼儿来说，光凭家长、教师的口头提醒是达不到教育效果的。在要求幼儿收拾玩具前一定要先给幼儿做示范、讲方法，幼儿有了具体的观察和理解后，在收拾时就会有样学样，把玩具收拾得整整齐齐。

（李依纯　张　鑫）

13. 当幼儿之间为争抢玩具而吵架时，教师该如何引导?

❓ 问题描述

活动区游戏时间，娃娃家的小朋友都忙得不亦乐乎，就在这时传来了争吵的声音。听到争吵声后，我来到娃娃家，发现原来是豆豆和晓晓在抢娃娃。晓晓一手拿着奶瓶，一手拽着娃娃；豆豆一手拎着包，一手拽着娃娃。两个人的眼睛都盯着娃娃，谁都不想放手。

🔍 解决建议

第一，不需要马上介入的情况。当争抢的情况不算太严重，幼儿自己能够解决的时候，不要过于着急地介入，要给予幼儿一定的时间去思考和解决冲突。只要没有发生打架或受伤的情况，教师可以先静观其变。在幼儿交流不畅的时候教师要给予支持，通过让幼儿回答"是、不是"或者用点头、摇头的方式来帮助他们解决冲突。

第二，需要马上介入的情况。幼儿争抢激烈的时候，需要教师尽快介入，避免发生更严重的情况。教师应先制止抢玩具的幼儿，并引导他立刻归还玩具，告诉他喜欢的话可以用适当的方法获得。如果被抢的幼儿情绪非常低落，教师要多进行安抚并引导。

第三，借助文学作品启发引导幼儿。选择适合小班幼儿理解的文学作品，如《大家一起玩》《给我玩玩好吗》《搭积木》《过小桥》《哪个宝宝好》等，让幼儿通过阅读它们知道怎样和同伴一起玩，知道好东西要和小伙伴一同分享，让幼儿学习互相谦让，懂得和同伴友好相处。

第四，创设情景式的教学模式。例如，当区域活动中娃娃家的爸爸妈妈都要抢抱娃娃时，我们可以请幼儿进行情景表演，引导幼儿想想怎么办。通过情景游戏表演，引导幼儿发现学习一起玩、轮流玩的方法。

第五，学习多种交往的语言表述。在区域活动以及各种自由游戏活动中，当幼儿想和别人一起玩时或者想抢别人的玩具时，教师应及时进行引导，"你想玩玩具时应该怎么说"，鼓励幼儿用语言表达自己在交往中的请求和愿望，发展他们的语言交往能力。

第六，家园共育。教师与家长沟通联系，在日常生活中引导幼儿将好吃的、好玩的与他人分享，让幼儿逐渐体验到除自己以外还有他人的存在，引导幼儿逐渐学会谦让、等待。

（张向荣　马　丽）

14. 幼儿常把所有物品都放入烤箱，教师应该做哪些引导？

？ 问题描述

今天的角色游戏开始了。妞妞来到了小厨房，开始为宝宝做饭。过了一会儿，我听到蛋蛋说，"老师，宝宝的衣服在哪里呀?"我回头看去，发现衣服筐里面空空的，就连橱柜里也少了很多物品。后来才得知，是妞妞把东西放到了烤箱里。我问她："你知道这是什么吗?"妞妞说："柜子。""为什么把这些东西放进这里呀?"妞妞答道："都收起来整齐呀。"

Q 解决建议

有的小班幼儿是不知道烤箱是做什么用的，他们对于娃娃家的烤箱没有真实的概念，总觉得烤箱是个不错的收藏柜，东西放进里面会更有意思，什么东西都想试一试。

第一，教师可以针对这样的幼儿给予引导，告诉他们，烤箱是烤食物用的，我们吃的蛋糕、饼干都是从烤箱里烤出来的，所以非食物的东西不能放进烤箱。

第二，在生活中我们要帮助幼儿积累生活经验，用启发式的提问方法引导幼儿了解哪些物品能烤，哪些物品不能烤，鼓励幼儿回家观察自己的爸爸妈妈是怎样做的。例如，告知幼儿衣物不能放到烤箱里，因为这样衣服很容易着火，很危险。

第三，若还有幼儿将所有物品都放入烤箱，可能是因为他们没有一定的收拾整理习惯，觉得把物品都收起来就好了。这时教师可以引导幼儿一起按照标识将物品放回原处。

（田　甜）

15. 娃娃家里，幼儿将娃娃的衣服随意堆放在柜子上或洗衣机里，不会叠放，该怎么办？

❓ 问题描述

教师为娃娃家收集尽量多的小衣服、小鞋袜，引导幼儿在游戏中练习穿脱衣服。但这么多的小衣服往往会被幼儿揉成一团塞在小衣柜里。当娃娃家出现了小型洗衣机后，幼儿特别开心，又将娃娃的衣服统统放进洗衣机里面，盖上盖子，随意按动洗衣机上的按钮。整个过程操作完之后，幼儿就抱着娃娃走到别的地方进行游戏，而洗衣机里面的衣服也已经被遗忘而无人理会了。

🔍 解决建议

第一，家园配合，引导幼儿在生活中养成叠放衣服的好习惯。幼儿的游戏行为往往是日常生活的写照。当教师发现哪个幼儿经常把衣服揉成一团往衣柜里塞的时候就要注意了，要在第一时间和家长取得联系，了解幼儿在家的生活习惯，向家长讲解培养幼儿良好行为习惯的重要性，取得家长的积极配合。教师可以利用游戏和生活环节以儿歌的形式详细地教给幼儿每种衣服的叠放方法，多为幼儿创设练习、比赛的机会，激发幼儿主动叠放衣服的兴趣。

家长在家中洗衣服的时候，要引导幼儿观察妈妈是怎么洗衣服的。首先帮助幼儿简单认识洗衣机上的几个按钮及其功能，如哪个是洗衣服的按钮，哪个是脱水的按钮等。然后向幼儿讲解洗衣服的步骤：先将脏衣服放进洗衣机里面，倒点洗衣液，按动洗衣服的按钮，衣服洗好以后再按动脱水按钮，洗完以后再将衣服从洗衣机里面拿出来，一件一件地晾在小衣架上面。

第二，为了逐渐提高叠衣服的速度，我们可以提前收区，避免幼儿因时间短而乱塞衣服的现象。当活动区游戏结束的音乐响起时，娃娃家的幼儿看到别的区的幼儿很快收拾完了玩具，一定会非常急躁，一些胆小的幼儿还会担心收拾不完会受到教师的批评，于是他们就会趁教师不注意将小衣服揉成一团塞进衣柜。所以，教师要观察幼儿的游戏情况，当发现娃娃家的材料摆放过多，收拾起来需要一定时间的时候，就应该提前轻轻提醒幼儿："一会儿游戏就要结束了，爸爸、妈妈快帮宝宝把衣服叠好吧！"

第三，投放分类格，让小衣柜变整齐。小班幼儿的动手能力还需要不断练习，他们把自认为叠得很好的衣服堆在一起，在别人看来可能还是乱作一团。教师可以用几个小纸盒竖在小衣柜中，贴上明显的标记，如哪个格子放上衣、哪个格子放裤子，帮助幼儿按标记分类摆放。这样不仅使小衣柜更整齐，还锻炼了幼儿的分类能力。

（石俊丽）

16. 如何帮助幼儿学会使用活动区操作材料？

? 问题描述

娃娃家游戏开始，幼儿把所有玩具拿出来，摆放得到处都是。活动区活动结束时，玩具不能被放回原处，下次活动区活动时幼儿找不到自己想要的玩具。

Q 解决建议

第一，理解"做中学"的学习特点。小班幼儿的一个年龄特点就是"认识靠行动"。小班幼儿的口语表达和人际交往能力与中班、大班幼儿相比还较差，因此，他们常常通过自己的行动表达需求。作为教师要充分理解幼儿的这种需求，要充分给予幼儿边做边说或先做后说的机会，使幼儿能够利用口头语言和肢体语言一同来表达想法。

第二，活动区要有标记，方便幼儿取放玩具。玩具框与柜子标志要一致。幼儿可以通过图标来找到自己的所需，玩完后玩具被放回原处，下次玩时还能找到。

第三，建立取放常规。例如，播放某音乐时就意味着我们要收拾玩具结束本活动，幼儿必须将玩具放回原处才能投入下一个活动。

（高媛媛）

17. 如何引导幼儿使用礼貌用语招待客人？

❓ 问题描述

区域游戏时间，幼儿高高兴兴地在自己的区域里游戏。当教师走到面包店时，看到了店员彤彤很有礼貌地向客人小伟打招呼，可是小伟却一声不吭。

🔍 解决建议

第一，体验式学习，趣味浓浓。故事、儿歌是幼儿喜爱的文学形式，通过文学作品的渗透来学说礼貌用语的教育，可以达到事半功倍的效果。我们根据小班幼儿的年龄特点，选取及设计了一些简单易懂、有一定趣味性的儿歌故事进行体验式学习。幼儿在这些形象有趣的儿歌故事中，不但体验了学习儿歌故事的乐趣，同时也学会了其中的一些礼貌用语。

第二，奖励性激励，兴致盎然。小班幼儿直觉行动思维的特点决定了小班幼儿的坚持性差。因此必要的奖励机制能较好地调动幼儿的参与积极性，从而增强对活动的坚持性。我在教室里创设了"我是文明宝宝"的墙面，每天及时对幼儿的表现给予红花的奖励，一个月下来被统计红花较多的幼儿被评为"文明宝宝"，颁发奖状。直观形象的奖励使得幼儿每天都会结伴徘徊在墙面前，互相比较彼此的红花。幼儿之间的良性竞争，坚定了幼儿坚持的信念。幼儿对于学说礼貌用语的热情日益高涨。

第三，角色性游戏，学以致用。在丰富多彩的游戏中练习学说礼貌用语，可以避免机械模仿所带来的枯燥、乏味。例如，在娃娃家、小医院游戏中创设的做客、过生日、看病等主题内容，使幼儿在真实自然的氛围中学会"谢谢、不用谢、对不起、没关系"等礼貌用语。同时，幼儿在角色扮演中还学会了如何判断在何种场合需要用什么样的礼貌用语。

（马　丽）

18. 总在娃娃家看到同样的几个幼儿在游戏，该如何引导？

❓ 问题描述

班里开设的娃娃家角色区，小朋友们很喜欢，但是每次教师请小朋友选区的时候，基本上都是那几个幼儿。

🔍 解决建议

每个游戏区域都有其不可替代的教育价值。娃娃家游戏不仅能再现幼儿的生活经验，为幼儿提供角色扮演的机会，还能发展幼儿的语言表达能力和社会交往能力，所以教师要用多种方式鼓励幼儿积极参与娃娃家游戏。

第一，教师要让幼儿参与环境创设的过程，让温馨、真实的区域环境吸引幼儿主动参与游戏。

第二，教师可以和幼儿一起聊一聊家庭中的趣事，如爸爸妈妈在家中都做些什么，以激发幼儿在娃娃家的角色扮演欲望。

第三，教师可通过照片或录像的方式对娃娃家的游戏过程进行分享和评价，找到可拓展游戏内容的地方，为幼儿进一步提供扮演家庭角色表现家庭生活的机会。

（路　欢）

第二节　中班角色区活动组织中的常见问题

1. 有的幼儿总是自己想干什么就干什么，不考虑他人的想法，怎么办？

❓ 问题描述

烁烁的性格比较外向，做事比较冲动，想干嘛就干嘛，很少考虑周围的环境是否适宜。在小医院活动中，烁烁主动要求当医生，但却又不好好干而是在小医院里乱翻东西。同伴告诉他这样做不对，应该与小病人进行交流。可烁烁就是不听，把区角弄得乱七八糟。

🔍 解决建议

第一，教师可和幼儿一起分享关于医院的图书或者视频，让幼儿多多了解小医院活动。在阅读或者观看的过程中要让幼儿回忆自己在医院看病的经历，以及医生的做事顺序，并由此使其进一步联想到如果自己是医生应该怎么做才好。另外，结合医生的角色，让幼儿说一说医生应该怎样去照顾病人，与病人都可以进行哪些交流，是随意到处乱跑还是关注身边的病人，使其换个角度去考虑别人的想法。

第二，教师可在角色区中将幼儿参与互动的亮点进行视频分享，不断发现幼儿的进步之处，并给予及时鼓励。

第三，教师要让幼儿知道每个物品都有它的家，用完以后需送回，这样下一个小医生需要用的时候也能够及时找到。通过这种方式与幼儿进行交流，让其学会正确使用材料的方法。

（尹　华）

2. 教师如何引导性格内向的幼儿参加角色游戏？

❓ 问题描述

区域活动时间，性格内向的文轩在班里来回走动，看看这儿看看那儿，最后他走到班里的一个小角落坐下。老师走过去问："文轩，你想玩什么？"他摇摇头，不再说话。

🔍 解决建议

性格内向的幼儿一般不直接表露自己的想法和愿望，不大引人注意，这就更需要我们细心地观察幼儿的行为表现，用心揣摩幼儿的真实心理，然后对症下药。

第一，鼓励幼儿参与集体活动。内向的幼儿在熟悉的地方比较放得开，所以老师要多引导幼儿来角色区熟悉环境，丰富相关经验，慢慢地幼儿就会逐渐放开了。这里的关键是要多鼓励幼儿参加角色游戏。

第二，同伴的帮助。在进入角色区时，教师可为幼儿选择一两个性格开朗、身体健康、年龄比他略小一点的小伙伴一起玩耍，这样既可以培养幼儿的自信心而且还可以相互帮助。

第三，耐心对待幼儿，不要给他施加太大压力。在角色游戏时，教师要尊重性格内向的幼儿的选择，如给他一些交流较少的工作，当幼儿熟悉游戏后，再鼓励他承担有挑战性的角色。

（王荧晃）

3. 幼儿在区域里大声叫喊，教师该怎么引导？

❓ 问题描述

小餐厅的开放吸引了很多幼儿，为幼儿提供了一个与他人交往交流的平台。但小餐厅也成了班级里最热闹的区域，经常会听到小餐厅里传出叫喊声，使得班级变得声音嘈杂。

🔍 解决建议

根据具体情况采取不同的策略：

第一，幼儿间为争抢角色发生冲突而难以化解时。例如，幼儿抢着做收银员。出现这种情况，原因既是由于幼儿对收银员工作感兴趣，也是由于收银员的工作简单明确，幼儿做起来有信心。这时，教师可以引导幼儿思考，小餐厅的开展需要哪些角色，这些角色分别需要做什么工作，如果只有收银员没有顾客、服务员和厨师会怎样，从而帮助幼儿明白自己的角色任务，同时，也让幼儿意识到其他角色同样重要。

第二，游戏过程中幼儿过于兴奋而很难控制自己的情绪时。教师可以与幼儿一起商讨，我们都喜欢去什么样的餐厅进餐，如果餐厅里面太吵闹会对客人有怎样的影响。教师要引导幼儿意识到自己大声叫喊这一行为对他人的影响，从而知道控制自己的音量。

第三，幼儿在角色交往过程中缺乏礼貌时。教师可以帮助幼儿丰富礼貌用语，鼓励幼儿在服务过程中使用礼貌用语，促进幼儿养成礼仪习惯。

此外，还要对约束能力弱的幼儿采取及时奖励的方法。有些活泼好动的幼儿在游戏中经常大声喧哗影响别人，老师可以因人施教，提供一些幼儿感兴趣的奖励，如小红花等。每天在活动前教师可悄悄地告诉幼儿："如果你今天能做到小声讲话，老师就奖励给你一朵小红花，还可以带回家，好吗？"能够得到老师单独的奖励，对幼儿来说是莫大的荣誉，幼儿很容易因此改正不良的行为。

（陈　凡　夏颖玥）

4. 幼儿游戏区域内物品凌乱，教师该如何引导？

? 问题描述

在小餐厅的游戏中，有个小朋友用玩具切菜刀在切菜板上用力切着蔬菜，厨房的餐具、食品都被随意洒落在地，但他还是在玩着，对此不予以理睬。

Q 解决建议

由于中班幼儿生活经验的不足，导致幼儿在区域里物品摆放上没有形成规则意识，不知道现实中的餐厅是什么样子的，只知道用操作来满足自己的愿望，从而造成区域内物品凌乱。

第一，教师可以和幼儿讨论，听取并尊重他们的意见和建议。

第二，教师要引导幼儿了解小餐厅的各类物品，学会按类分好，贴上标记，使幼儿知道物品从哪里来的要送到哪里去。

第三，为丰富幼儿的生活经验，教师可开设关于小餐厅的课程，让幼儿在课程中了解小餐厅的流程、物品摆放等内容。

第四，教师要巡回指导，帮助实现区与区之间的连接，也可以请幼儿充当检查人员，帮助和督促其他幼儿调整自己的行为。

（安佳星）

5. 幼儿在角色区活动中爱告状时怎么办?

❓ 问题描述

活动区活动开始了，小餐厅又要营业了。教师经常会听到小餐厅里传来这样的声音："老师，他把筷子放桌子上了"；"老师，我还没有上菜呢，她就自己去端了"。这种告状行为很频繁。告状发生时，幼儿之间并没有发生冲突，都是向老师描述其他幼儿的一些行为。

🔍 解决建议

第一，理解幼儿。中班幼儿辨别是非的能力增强了，能遵守一定的规则，所以当看见别的小朋友有不遵守规则的现象时，爱向老师告状。

第二，有效引导。有些幼儿希望能得到教师的关注。在面对这样的告状行为时，教师应当先了解幼儿的心理，知道他为什么要告状，然后通过谈话、游戏的形式，引导幼儿学习解决问题的方法。

第三，尝试让幼儿自己解决问题。幼儿告状内容都是一些比较小的事情，教师可以先不介入，让幼儿自己去解决问题，提高幼儿解决问题的能力。如果这个问题关系到一些规则问题，幼儿解决不了，可以在活动区活动结束后教师让大家一起讨论制定出一个合理的方案。

第四，减少干预。外界干扰少了，幼儿操作中专注力就会提高，告状行为也就会相对减少。

第五，提前介绍角色区的材料。对于一些幼儿特别喜欢的材料教师要事先和幼儿分享，这样，幼儿在操作时候就不会出现随便乱拿的现象，会按照规则进行游戏，也就避免了很多告状行为的发生。

（韩　培　左　旸）

6. 幼儿在角色之间不会友好配合时怎么办?

❓ 问题描述

能力稍强的幼儿能够持续在区域内活动并且分工有序，但能力稍弱幼儿则会出现角色混淆，做出与自己角色不符的行为，或者玩着玩着被别的区域中感兴趣的事物吸引走了。

🔍 解决建议

中班幼儿虽然具有了初步的角色意识，但容易出现与他人混淆角色的现象，而且幼儿在这个年龄段对事物的注意力的持久度还不够，合作意识还不强。这些就造成活动中幼儿有时无法与他人友好配合的行为。

第一，教师应该多多引导幼儿了解社会角色的工作内容是什么。

第二，教师要让幼儿观察教师之间友好配合的行为，要多为幼儿提供合作与配合的机会，让幼儿自己分配角色。

第三，日常遇到矛盾时教师要引导幼儿自己商量对策和解决办法。

第四，在区域分享的时候，教师要请合作游戏的幼儿说一说在一起合作有什么好处，并对这种合作的行为给予肯定，鼓励其他幼儿一起合作。

第五，教师要注重培养幼儿的独立性。独立性差的幼儿，与人交往和合作的能力也较差，什么事都想让别人为自己安排得好好的，一有不如意的事就闹任性不配合了。

（贾婧研　韩　培）

7. 有的幼儿很盲从，没有自己的想法，别人怎么做他就怎么做，教师该如何帮助？

❓ 问题描述

在娃娃家游戏时，有的小朋友观察能力及模仿能力较强，非常喜欢扮演妈妈的角色，在家里做饭、洗衣服、喂宝宝，玩得高兴极了。看到这些，站在一旁的小朋友马上也紧跟着模仿起来，从而引发幼儿间的告状现象，"老师，她学我"。

🔍 解决建议

看到这样的情况，教师应先静静在一旁观察这样的小朋友的心理活动是怎样的，是有想法但不敢大胆表达还是确实没有想法。如果是胆小的小朋友，我们可以帮他们树立自信心并鼓励他们大胆将自己的想法表达出来；如果是没有想法的小朋友，那就需要我们帮助他们对问题进行分析，给予他们一定的引导，在这个过程中也要鼓励他们大胆地将自己的想法表达出来。

（吴　迪）

8. 造型师不注意客人的性别差异不询问客人的具体情况给顾客胡乱打扮时，教师该如何引导？

❓ 问题描述

轩轩是一个帅气的男孩儿，他到美发屋剪头发。这时，造型师西西来帮忙。因为西西是女孩子，她就习惯性地拿了很多漂亮的发夹夹到轩轩头上，但轩轩并不满意自己的造型。

解决建议

第一，增加经验，让幼儿了解男孩女孩之间的差异。幼儿做出的判断和行为都是通过自身的经验进行迁移的，自己喜欢的也会认为别人喜欢，不会尊重、接纳和自己生活方式和习惯不同的同伴。所以这时，教师要提醒幼儿注意同伴的情绪和差异，了解同伴的需要并给予适当的关心。

第二，加强幼儿之间的沟通。班里可以集中讨论一下男孩和女孩都喜爱什么发型，原因是什么，互相了解之后，幼儿就可以按照顾客喜爱的发型进行操作了。

（吴宪丽）

9. 有的幼儿不管角色需不需要，什么用具都拿出来，教师该如何引导？

问题描述

小餐厅开始营业后小朋友们都很积极，每天都有很多小客人来餐厅吃饭，座无虚席。尤其是有时候营业人员既要做厨师又要做服务员，这样就出现了菜品和厨具随意拿放的情况。不管小客人点没点那个菜，东西都被拿了出来摆在桌面上。小客人走后，桌子上的剩饭剩菜被随便乱塞，根本不会按标识放回。

解决建议

中班幼儿已有初步的规则意识，但执行规则情况还很不理想，执行过程中易受其他因素的影响，这时，就需要教师加以引导和启发。

第一，家园合作，在家要培养良好的行为习惯。教师和家长要鼓励幼儿在做中学，在过程中获取直接经验，养成物品取放的良好习惯。

第二，注重游戏前游戏规则的讲述。区域活动前，教师可和全体幼儿共同讨论游戏注意事项，强化幼儿的规则意识，使其知道随意拿取用具对游戏正常开展的负面影响。教师可以采取故事或者儿歌的形式教育幼儿。

第三，预示影响。让幼儿认识到将所有用具都拿出来杂乱无序地摆放，不利于下面游戏的开展，会影响本角色区的正常营业。

第四，及时鼓励。细心观察，发现幼儿及时整理用具的闪光点，并适时鼓励，提高幼儿的信心和做事的主动性，让幼儿体验完成事情后的快乐。

第五，榜样示范。让做得好的小朋友为随意拿取工具的幼儿树立正面的榜样。

（杨　璇）

10. 幼儿将许多客人请到餐厅，显得很拥挤，这时教师该如何引导？

❓ 问题描述

在小餐厅游戏中，餐厅大门口的小接待员模仿自己在生活中看到的情景，把路过的小客人都请到餐厅里进餐，还非常热情和有礼貌地说："欢迎光临，今天我们餐厅有新的菜品推荐给大家，欢迎大家前来试吃！"小客人们看到小接待员那么热情就都来到了餐厅里。但是那么多的小客人来到了小餐厅，餐厅里的桌子、椅子都不够用了。小餐厅很快就出现了拥挤、混乱的状况。

🔍 解决建议

教师一旦发现幼儿游戏过程中出现这种问题，就需要及时调节，使角色游戏能够继续进行。教师可以扮作餐厅经理加入游戏，帮助小服务员想一想，有什么办法让餐厅不再拥挤；还可和小客人们一起商量，怎么样才能解决这种情况。大家共同讨论出解决的办法。教师可引导和帮助小服务员像很多餐厅一样，为每位小客人排上号码，准备一些椅子让客人坐在一旁等候。为了让客人在等候时不感到无聊还可以为他们准备水、报纸、杂志，或者做美甲或者为客人的小宝宝准备一些玩具等。很快，小服务员们就通过给客人们分发号码，安排客人们在固定的位置看书，等待时玩手头玩具等，使小客人有了秩序。有的小客人还主动说："我过一会儿再来吧。"就这样，刚才混乱的情况得到缓解，游戏又顺利开展下去了，而餐厅的小服务员也学会了解决问题的方法。

活动区活动评价的时候，小餐厅的小朋友还主动提出了刚才发生的问题，请小朋友们一起思考，帮助他们想出更多的解决办法。例如，如何做各种各样的饺子，如何让更多的小客人喜欢来餐厅吃饭。这样不仅能使幼儿表达出自己的看法和态度，也使其学会倾听和接纳其他人的看法和态度。

（刘　洋）

11. 幼儿对所扮演角色的职责不清楚时怎么办？

❓ 问题描述

在角色游戏中，一些小朋友虽然选择了自己要扮演的角色，可活动时就忘了自己要做什么，只会跟着其他小朋友的角色一起游戏，或者是只做自己想做的事。例如，依依选择了服务员的工作，可是客人来了，依依却在做饭，没有照顾客人。

🔍 解决建议

第一，在角色游戏开始时，教师要与幼儿讨论、梳理游戏中出现的角色，鼓励幼儿通过图画的形式，画出每个角色的职能，并张贴于墙面上。这样，幼儿在活动中通过墙面时，图画能起到提醒自己的作用。

第二，教师要鼓励幼儿多观察。幼儿都有到餐厅用餐的经验，教师要引导幼儿观察、回忆餐厅工作人员的活动，引导幼儿把实际经验迁移到角色游戏中。

第三，教师通过扮演游戏中的角色参与游戏，帮助幼儿明确角色的分工。例如，因为餐厅新开业，还没有人来吃饭，于是扮演厨师的明明小朋友反复切起了蔬菜。扮演服务员的佳佳小朋友看到没顾客也跑了过来，像模像样地切起了蔬菜。看到这些，教师扮作客人轻轻走过去说："今天餐厅营业吗？"听到询问，两名幼儿都高兴地跑过来，拉着客人进餐厅，并礼貌地问道："您想吃点什么？"老师回答："我想吃香菇炒油菜，你们这儿有吗？"明明大声说："有，我去做。"佳佳这时候也要跑过去，教师赶忙问："你们店里有白开水吗？"佳佳听见我的话，赶紧给我倒了杯水。我还不时地提醒佳佳去厨房看看，我的香菇油菜是否炒好。教师通过扮演顾客，隐性地引导佳佳和明明投入到了角色游戏中。

第五，注重分享交流环节，丰富幼儿游戏经验。在分享交流环节可以鼓励佳佳和明明说一说游戏中自己的经验和感受，建议其在日常生活中也要多观察，多积累生活经验。例如，爸爸妈妈带你去餐厅，那里的服务员是怎么服务的，厨师能否出现在餐桌前。同时，教师也可以提示幼儿，如果餐厅里没有人，可以向街上的人们推销自己餐厅的菜品，或者画一些菜品的图画贴在餐厅外面，让客人了解餐厅的菜品，吸引更多的客人来餐厅用餐。

（谷　笋　丁　涛）

12. 顾客还没点菜，厨师就把食物摆了许多，对此，教师该如何指导？

❓ 问题描述

区域活动时间，我来到了小餐厅，对着里面的小厨师们说："哎呀，我的肚子好饿好饿呀，我得赶紧吃点东西了。"话说着我已经拿起了小菜单，但是还没有等我点一个菜，我的餐桌上就被幼儿拿来的各种食物堆满了。"你吃这个。""等会儿，我去拿一杯水。"小厨师们忙里忙外。"可是这些并不是我点的呀，我不想吃这些。"我大声说。小厨师们听了，都面面相觑，不知道该怎么回答我了。

🔍 解决建议

小厨师在顾客没有点餐的情况下，就把食物摆放很多，这与日常的生活常规不一致，也违反了区域活动的规则。这时候，教师需要让幼儿建立常规意识，遵守餐厅的规则。

第一，教师应以身示范，遵守餐厅的日常规则，先点餐，再让摆放食物。这样的流程让幼儿明白点餐和摆放食物的先后顺序。

第二，结合生活实际，帮助幼儿了解游戏的规则，体会规则的重要性。教师可利用实际生活和情景故事，向幼儿介绍在餐厅点餐的流程，使其明白先后顺序，以及为什么要遵守这样的规则的原因。在活动区中，教师可创设一些没有规则的情景。例如，所有人都一拥而上，没有人点餐，小菜单只是摆设，没有人付款等，让幼儿体会没有规则的不便，从而懂得遵守规则的重要性。

（苏　雪）

13. 客人在小餐厅提出新产品，可是店里没有，这个问题应该怎样解决？

❓ 问题描述

活动区活动开始的时候，几位小朋友有模有样地去小餐厅吃饭。当拿出菜单点菜的时候，一个小朋友提出了平时在外面吃的食物，但是小厨房里并没有这个食物。于是小厨师们面面相觑，只能用"我们这儿没有"来回答小客人了。

🔍 解决建议

幼儿经常会在小餐厅里提出一些菜单上面没有准备的食物，有时候我们在外面的餐厅里也会遇到这样的问题，这时候教师可以从三个方面去解决。

第一，结合实际生活直接沟通。开办餐厅，一定要要结合实际。出现这个问题后，教师可以鼓励幼儿勇敢地和客人们进行沟通，通过向客人们介绍本店所卖的食物，尝试让客人理解。

第二，利用材料现场制作。当幼儿与同伴之间发生这样的问题后，幼儿通常会发挥想象力，利用现有的材料创造性地以物代物。例如，如果没有客人想要的食物，幼儿就可以发挥想象力，把另外的一种食物当成是客人所需要的，或者现场去美工区为小客人们做他们所需要的食物。

第三，勇于创设预约单。为了能够了解客人们的需要，让餐厅开得更加红火，教师应支持幼儿开展"食物预约"，让客人们和厨师提前预约想吃的食物，这样厨师就有一定的准备时间，会在新产品中提供客人之所需。这个环节可以更有效地锻炼幼儿的语言表达能力和社会交往能力。

（苏　雪）

14. 小餐厅有许多小客人等待时该怎么办？

? 问题描述

随着小餐厅日渐完善，喜欢这个区域的幼儿特别多，小餐厅生意特别好，客人来了一拨又一拨，出现了许多小客人等待的情况。小客人在门口等着："哎呀，怎么没有位子了!""是呀是呀，我还想来吃小笼包呢。""我们娃娃家今天不烧饭，到店里来吃中午饭，这么多人，怎么吃呀?"服务员看到之后只能说道："我们也没有办法，人太多了。"

Q 解决建议

第一，教师要有针对性地提问，让幼儿共同讨论解决问题的办法。教师问："你们和家人出去吃饭的时候，有没有观察饭店是怎么安排等待的客人的?"小朋友说："哦，他们让客人坐着等会儿"；"会让客人领号"。

第二，教师要肯定幼儿的想法，在有条件的情况下尽量让幼儿按他们的想法解决问题。

第三，教师可让幼儿收集来自家人的建议，寻找更多的解决办法。教师问："如果人很多，你们的爸爸妈妈会怎么做?"小朋友说："把吃的打包带回家"；"提前预订位子"。幼儿能从生活经验中寻找解决问题的方法。

第四，结合幼儿园的实际情况，幼儿可以制作邀请卡，让客人提前一天预订座位，这样就能适当限制就餐的人数，防止出现过长时间等待的现象。

第五，餐厅服务员可先让等待的客人点菜，缩短等待时间，客人上桌后尽快上菜。

（王冬竹）

15. 幼儿在游戏时不遵守游戏规则该怎么办？

? 问题描述

在角色游戏中，常常有幼儿根据自己的意愿进行游戏，不考虑他人的感受，也不遵守游戏规则，使得其他幼儿无法正常开始游戏。

Q 解决建议

针对幼儿出现不遵守游戏规则的情况，教师需要了解幼儿出现这一行为的原因，有针对性地进行引导。

第一，如果幼儿喜欢用自己的方式进行游戏，影响到同伴不能很好地游戏或者无法继续游戏，教师可以利用生活体验让幼儿感受规则与人的关系，懂得遵守规则的必要性，增强规则意识。

第二，如果幼儿对游戏规则不认同，教师也可以引导幼儿结合实际生活的需要，与同伴共同讨论和制定规则，并用大家认同的方式呈现出来。或者针对幼儿的问题，创设自由活动和交往的机会，引导幼儿运用并调整规则，使幼儿感受规则对每个人的意义。

第三，如果幼儿在游戏中不遵守游戏规则是因为情绪过于兴奋，那么教师可以采用提醒的方式。教师对幼儿的提醒方式主要有两种：即语言的提醒和动作的提醒。教师也可以请幼儿相互提醒，幼儿间的提醒更适合于游戏中的幼儿。由于幼儿间的提醒完全是在一种自由、平等的关系中进行的，因而，这种方式更易于为幼儿所接受。

当然，在与幼儿游戏的过程中，教师也应该以身作则，遵守游戏规则，为幼儿做出榜样。

（罗　莉）

16. 幼儿在角色游戏时说，"我不会玩"，教师该如何引导？

? **问题描述**

幼儿游戏时什么也不干，问为什么不玩，回答说不会玩。

Q **解决建议**

当幼儿在游戏中说不会玩的时候，教师就会知道幼儿对此项活动没有感知经验不知从何玩起，那么帮助幼儿丰富相关经验是必要的。教师要抓住幼儿善于模仿乐于模仿的特点，通过角色扮演引导幼儿学习。例如，在理发店角色游戏中，当幼儿说不会给客人理发时，幼儿显然对理发的过程缺乏了解，也缺乏自信心去大胆尝试。这时教师要适当介入，可以和幼儿展开讨论："你去过理发店吗？剪头发需要先做什么准备？剪头发前要和客人沟通吗？"教师可以以一位客人的角色来加入游戏，一步一步引导小理发师怎样做。例如，"今天我想洗一洗头发，再请你帮我吹干，做个舞会造型，我想这样装饰发型。"教师也可以自己作为一名理发师，说："你还是个实习生，今天再和师傅学一次，下次你再给客人剪头发吧。"客人来时，教师对客人说："欢迎光临。请问您有什么需要？"教师给客人把围布围好，问："用什么洗发水洗头呢？您要理什么样的发型呢？"然后给客人理发。最后问："您满意吗？"客人走时说："欢迎下次光临。"幼儿在观察后也会丰富经验，模仿教师是怎么和客人交流、怎么做的。另外，教师可以寻求家长的帮助，让幼儿到理发店真实地体验一次剪发。家长要有意识地帮幼儿梳理总结经验，在家中也可以和幼儿模拟游戏。慢慢地幼儿对此活动不再陌生，玩起来也就更有兴趣更大胆了，随之也能进行一些创造性的游戏。

（费　东）

第三节　大班角色区活动组织中的常见问题

1. 因为缺少观众而失去演出兴趣时，教师该如何引导？

❓ 问题描述

小剧场的小演员们表演完一个节目之后，小观众们却离开了。小演员们立刻情绪低落，问我："老师，他们都走了，谁来看我们表演呀？"

🔍 解决建议

表演游戏是幼儿通过对作品中角色和情节的体验与感受，发挥想象，进行角色表演的一种游戏形式。游戏的目的不是表演给别人看，而是为了自得其乐。教师要让幼儿认识这一点，发挥其参与的主动性、积极性。

在表演的过程中如果出现缺少观众的现象，作为教师要适时地引导幼儿，和幼儿一起分析讨论没有观众的原因，找到原因，并加以改善。原因可能是多方面的，也许是演员的演出不够精彩，也许是演出的剧目有所重复，也许是表演形式的单一，也许是宣传的力度不够，等等。教师要鼓励幼儿自己做个调查，找出原因。教师更应与幼儿一起对症下药，把失去的观众找回来。

（焦赛男）

2. 游戏中遇到问题幼儿轻易放弃时，教师该怎么办？

❓ 问题描述

幼儿在进行照相馆游戏时，因为摄影师拍的照片有点虚，小顾客们对此有点抱怨，摄影师便放下相机拒绝继续游戏。

🔍 解决建议

第一，让幼儿懂得别人的想法有时和自己不一样，学会接受这样的情况，学会表达自己的感受。摄影师也可以说出自己的不满："你们这样抱怨，我很不高兴。"

第二，讨论小顾客们怎样向摄像师表达不满的方式。例如，适当地肯定摄像师的辛苦付出，礼貌地让摄像师看一下照片的效果，并提出，如果把相机拿稳，我们保持不动，所拍的照片一定更清晰。

第三，交流中如何表达才能让人接受也是需要方法的。教师要让幼儿意识到，这样的表达不好，换一种表达的方式可能更好。要相信幼儿会反思自己的言行，寻找更好的交流方式。要鼓励幼儿试一试新的解决办法，让他们看到不同的结果。

（路　欢）

3. 有些幼儿不能完整地做完工作，教师该如何引导？

❓ 问题描述

在角色区我们经常会遇到这样的情境：桌上的玩具散乱一堆，问是谁的玩具，小朋友就会说："是某某的，他去小厨房吃饭啦""刚刚还在理发店烫头的小朋友，头上还带着卷花，就跑去了建筑区参观"。这种事情屡屡发生，教师该怎么应对呢？

🔍 解决建议

好习惯和规则意识的建立需要时间。教师要细心、耐心，要重视幼儿的能力差异，始终如一地坚持培养幼儿的好习惯和规则意识。

第一，引导幼儿通过讨论的方式制定规则。教师可以与幼儿讨论：工作是否能做一半，如果头发烫一半会怎么样。教师要倾听幼儿提出的问题解决方法，让幼儿意识到规则的意义和作用。

第二，坚持不懈培养幼儿规则意识。比如，设立值日生制度，把玩完的玩具放回原处，洗手排队，自己的衣服要叠放整齐，游戏活动中遵守游戏规则，等等。

第三，家园配合方面要取得一致。现在的幼儿在家里都是很少做家务的，甚至玩完的玩具要家长去收，有时候家长图省事，就帮着幼儿去收拾，这样就剥夺了幼儿锻炼的机会，也妨碍他们形成自己的事情自己做的意识。这就需要家园方面达成一致。家长不妨放手让幼儿自己去做一件完整的事情，如穿衣服，即使幼儿的动作再慢也要让他们自己去穿，在家还可以让他们做一些简单的家务，如擦桌子、发筷子等，培养他们做事有始有终的习惯。

（王　敏）

4. 如何引导不参与角色游戏的幼儿参与到角色游戏中？

❓ 问题描述

不难发现，班级当中，热衷于角色游戏的不是所有幼儿。个别幼儿无论教师怎么鼓励也不愿意参与到角色游戏中去，那么遇到这种问题我们应该怎么办呢？

🔍 解决建议

第一，用有趣的故事情节激发幼儿的兴趣。角色游戏的内容、人物、情节的生动有趣与否，对激发幼儿参与游戏的积极性、主动性往往有很大影响。教师应根据幼儿的年龄特点和认知水平，让幼儿自主选取有趣的故事进行表演，激发幼儿参与游戏的兴趣。

第二，教师以角色的身份参与到游戏中。例如，在理发店的游戏中，当没有顾客的时候，教师就要机动灵活地参与其中，以顾客的身份出现在幼儿的面前，与幼儿一起参与角色扮演，与之互动、交流。

第三，不要过分强调游戏的结果。在评价活动中，应以幼儿评价为主。教师要多倾听，提出一些开放性问题，让幼儿对游戏的开展有更多的想法，从而推动幼儿再次游戏。例如，在医院游戏结束后，教师组织幼儿坐在一起，询问大家今天都选择扮演了哪些角色，幼儿踊跃地举手回答，表示下次要尝试其他角色。当教师问起幼儿扮演角色遇到哪些困难时，游戏室里马上安静下来，幼儿都在认真地回顾着自己参与的过程，并一字一句地说出了自己遇到的困难。教师可以通过这种方法让幼儿参与到讨论中来，帮助幼儿解决游戏中遇到的困难，让幼儿真正成为游戏的小主人。

第四，保证幼儿的游戏时间。教师在设计游戏内容时要充分考虑到幼儿的游戏时间。时间太少，幼儿没有尽兴，会有失落感；时间太长，幼儿会疲倦，从而失去游戏的兴趣。

第五，让幼儿自主制订游戏情节。在角色游戏中，幼儿常常会按照制订好的情节进行表演，机械模仿的情况多，自主创造的机会少。教师应该少提问"应该怎么游戏"，而是应该多提问"还可以怎么游戏"，将游戏真正地还给幼儿。

第六，形象的道具能吸引幼儿参与游戏。逼真形象的道具能直接吸引幼儿参与游戏活动，同时教师应鼓励幼儿自主选择或制作游戏材料，使幼儿更容易进入角色的情境。

（王　敏）

5. 幼儿对现有的角色游戏不再感兴趣时怎么办?

❓ 问题描述

　　幼儿在玩超市游戏时，等待客人上门来买东西，有时候没有客人时，工作人员就坐着等待或整理货架，久而久之，幼儿在角色体验中没有了兴趣，就不愿意来商店做游戏了。

🔍 解决建议

　　第一，适当引导，丰富经验。角色游戏是幼儿对现实生活的反映，幼儿的生活经验越丰富，角色游戏的主题越广泛、情节越深入。当游戏内容贫乏时，幼儿游戏的兴趣就会大减。这时需要教师画龙点睛地启发、引导，丰富幼儿的生活经验，增加现实生活的印象，拓宽角色游戏的内容来源，以支持他们的角色游戏的开展，使幼儿创造出丰富多彩的活动。例如，幼儿玩商店游戏，当只知道等待客人上门来买东西而没有新的内容时，教师应以客人的身份出现；若买了很多东西而又拿不了时，就又可引出了送货上门的服务内容。

　　第二，拓展思路，深化主题。如在商店游戏中，单一的买卖活动使幼儿游戏兴趣低落，没有人想来当工作人员了。教师以经理的身份和工作人员开了个会，引导他们自己动手，制作各种不同的服装、鞋帽、箱包，丰富商店的内容，扩大了经营范围，工作人员也就不再没事可干，游戏又热火朝天地开展下去了。

　　第三，材料投放，灵活适合。游戏材料的提供是使角色游戏能否顺利进行的根据、保证，所以，对游戏材料的投放就显得尤为突出和重要。刚开始时，幼儿往往对材料的选择缺乏自主性，教师提供什么样的材料，他们就玩什么。太难的、不适合的材料他们就不玩或乱玩；一成不变的材料往往玩了几次就没有了兴致。所以，在材料的投放前，教师应和幼儿一起讨论、交流材料的特点和用途，让幼儿自主选择材料进行游戏。

　　第四，多重身份，找准位置。在开放的游戏环境中，教师必须以多重身份指导游戏。当幼儿需要游戏材料时，教师和幼儿共同寻找游戏材料；当幼儿需要帮助时，教师是游戏的支持者和援助者；当幼儿需要教师一同游戏时，教师是幼儿游戏的伙伴和参与者；当幼儿不需要教师介入时，教师是游戏的观察者；当幼儿在分享游戏经验时，教师是倾听者和发问者。教师要找准自己的位置，做到"到位不越位"。

　　　　　　　　　　　　　　　　　　　　　　　　（王荧冕　王　颖）

6. 教师在了解幼儿的求助内容之后，如何帮助幼儿解决问题？

❓ 问题描述

对于大班幼儿来说，由于幼儿的年龄特点发生改变，生活经验逐渐丰富，但在游戏和学习方面，幼儿仍会遇到各种各样的困难。如在面点屋游戏中，幼儿不知道怎样和面；在小学校游戏中，幼儿不清楚小学都有哪些课，教师应当怎样给学生上课等。由于幼儿能力水平不一，求助的内容也会有所差别。

🔍 解决建议

针对幼儿的求助情况，教师可将这些内容大致分为三类：幼儿能够自行解决的问题；幼儿能够借助同伴的力量解决的问题；幼儿需要教师帮助才能解决的问题。教师在帮助幼儿解决问题之前，一定要弄清楚幼儿的求助内容属于上述的哪一类，再进行接下来的引导。

如果是属于第一类幼儿有能力自行解决的问题，教师则不要急于给予帮助。如在小剧场游戏中，幼儿因着急而穿不上一条裙子，向教师求助时，教师可鼓励幼儿让他再耐心地看一看、试一试，自己摸索一下。

如果是属于第二类幼儿能够借助小朋友的力量来解决的问题，教师则不给予帮助。如在面点屋游戏中，幼儿正在和面，双手都沾满了面粉，这时袖子掉了下来，特向教师求助，教师可建议幼儿主动向身边的同伴请求帮助。

如果是属于第三类幼儿自行解决不了请求同伴帮助也无法解决的问题，教师就要给予帮助。如在面点屋游戏中，幼儿发现烤箱不能正常工作了，请同伴帮忙查看后也不能解决问题，于是，特向教师求助。这时，教师应当及时回应，进行检查，给予帮助。

（曹晶华）

7. 如何解决有明确角色身份的幼儿和不商量就擅自进入角色游戏的幼儿之间的摩擦？

❓ 问题描述

一天，成成选择在小吃店游戏。他穿上服务员的衣服，在小吃店门口招呼客人。过一会儿，他发现制作烤串的厨师丫丫离开了，就立刻跑去制作烤串。只见他一会儿串肉块儿，一会儿烤烤串，一会儿又撒佐料，玩得不亦乐乎。这时丫丫回来了，发现成成在制作烤串的岗位上，便请成成马上离开，可成成怎么也不愿意，于是他俩就吵了起来。成成对丫丫说："要不你去扮演服务员吧！"丫丫回答说："我是厨师！是我先来的，烤串也是我在制作，小朋友们都看见了。"在旁边的成成想了想说："那我们石头、剪刀、布。"结果，成成输了，他不屑地对丫丫说："给你给你，我还不爱玩呢。"说完就把烤串的钳子扔到了桌子上。

Q 解决建议

在角色游戏中，每位幼儿都有不同的角色，各个角色也都有自己不同的职责。大班幼儿之间因"你该做什么，我该做什么"而发生争吵，说明幼儿有明确的角色意识。出现问题描述的现象，教师更应关注幼儿行为背后的想法，及时疏导，寻找适宜的方式满足其参与游戏的需要，让幼儿更自觉地遵守游戏规则。

第一，教师与幼儿一起讨论互换角色的方法。通过表达自己的想法和愿望，幼儿友好、礼貌地与小朋友商量，若得到他们的同意再改变角色。

第二，教师请幼儿思考是否需要通过多人扮演同一个角色的方式来满足幼儿角色扮演的需要。

（芦　月）

8. 如何引导幼儿学会分配角色？

? 问题描述

区域活动开始了，有几位小朋友同时搬椅子来到了小吃店。有的选择扮演服务员，有的选择扮演小客人，只有琪琪和熙熙还没有选好角色。只见他俩在一旁商量。琪琪说："我想扮演厨师。"熙熙说："我也想扮演厨师，昨天你都当过厨师了，今天你应该把机会让给我。"可琪琪完全没有听熙熙说完话，抢先一步戴上了厨师帽，并取下围裙套在了身上。熙熙一看也急了，连忙走过去，拽着围裙的一角，两个人僵持着，谁也不肯让谁。

Q 解决建议

幼儿园的角色游戏分为很多种，幼儿会和同伴一起模仿社会上各种不同的职业，扮演各种不同的角色。在这些角色中，有幼儿非常喜爱的，也有幼儿不太感兴趣的，因此，有时在区域中会出现两名幼儿争抢同一个角色的现象。当幼儿间出现这一情况时，他们常常都不肯做出让步，导致游戏无法进行下去。有的幼儿会用简单的方式解决，如通过猜拳的方式决定游戏的先后顺序。在幼儿不肯让步的情况下，教师可以提供一些类似的角色让幼儿选择，也可以趁着这个机会让幼儿了解自己的优点或不足，帮助他们选择适合自己的角色。

（芦　月）

9. 幼儿在活动中遇到分歧，不自己尝试解决却总是不断地询问教师，教师该怎么办？

❓ 问题描述

随着年龄的增长和心理的发展，大班的幼儿在角色游戏中更能体现出自主性和主动性，但也难免与同伴共同游戏时会遇到分歧、争议等情况，并不断询问教师该如何解决。

🔍 解决建议

首先，大班幼儿自主性、主动性提高，启示着教师要适当地放手、放权。出现意见分歧时，教师要先问清楚情况，只有知道了原因才能采取相应的措施。

其次，可以将问题抛给幼儿。教师要在肯定幼儿想法的同时也要启发他们思考怎么解决分歧，要引导幼儿知道自己有与别人不同的爱好和想法，懂得尊重别人的意见，初步学会在游戏中运用轮流分享、谦让、互助与合作等解决分歧的方式。

再次，当幼儿开始尝试自己解决时，教师要及时鼓励。

最后，当问题具有典型的代表性时，教师也可以和全班幼儿共同探讨，运用集体智慧来解决问题。

（罗　莉）

10. 角色游戏中有的幼儿总想指挥别人时怎么办？

❓ 问题描述

游戏过程中，有的幼儿总喜欢去指挥别人干这干那。

🔍 解决建议

有的幼儿在区域游戏活动中，总想指挥别人。这就要求我们首先要观察幼儿的活动情况，分析一下幼儿总想指挥别人的原因。

有的幼儿是因为自己思维较敏捷，总去安排别的幼儿做什么，别的幼儿喜欢被安排也无可厚非，这也是一种学习的表现。有的幼儿做事经常以自我为中心，对身边的人熟视无睹，在幼儿园就喜欢指挥小朋友。纵观幼儿的各种不良行为表现，并不是在入园后才形成的，而是在他们来园前就与社会环境、家庭环境等方面有着直接关系。

教师要对幼儿讲道理，就是让他懂得什么对与什么不对，让其知道在幼儿园小朋友之间是平等的。教师要为幼儿创设一个平等展示自己的良好区域环境。

（费　东）

11. 有的幼儿自己不参加活动也不让别人参加，教师该怎么办？

❓ 问题描述

在角色区活动中，有时会出现有的小朋友不愿意参加某个区域的活动，同时又阻挡其他想参加活动的小朋友。

🔍 解决建议

首先要了解到幼儿自己不参加的原因：是不感兴趣，还是害怕遇到困难。教师要鼓励幼儿说出自己的想法。

其次再了解幼儿不让别人参加的原因。如果是由于想跟他一起玩儿其他游戏，那么教师可以引导幼儿知道好朋友之间个人也可以有自己喜欢的活动，鼓励幼儿多交朋友。例如，乐乐和明明两个人是好朋友，总是形影不离，乐乐去哪个区玩儿，明明总会选同样的区。今天乐乐很想去小吃店，可是明明不想去，于是明明也阻拦乐乐去小吃店玩儿。如果教师遇到了这样的情况，要引导幼儿知道，每个小朋友都有自己的兴趣爱好，两个好朋友去了不同的区域，进行了不同的游戏，两人可以分享自己的经验，共同进步。

如果是故意破坏其他人感兴趣的活动，那么教师一定要严肃地告诉幼儿这种行为是不对的、不礼貌的。例如，晨晨参加小吃店的游戏，小朋友说他包的饺子不好看。于是小朋友在进行小吃店的游戏时，晨晨故意捣乱，不让小朋友游戏。遇到这样的情况，教师可以请晨晨说一说，破坏别人游戏时自己的心情是怎样的，其他小朋友的心情是怎样的，鼓励晨晨加入到游戏中，感受同伴之间共同游戏的快乐。

（谷　筝）

12. 为什么今天的蛋糕没有卖完？

❓ 问题描述

今天我们的面点屋所做的蛋糕没有卖完。于是教师和在面点屋工作的幼儿一起思考为什么今天的蛋糕没有卖完。

🔍 解决建议

第一，是否是今天所做的蛋糕数量太多，导致今天的蛋糕没有卖完。查看今天剩下的蛋糕有多少，同时计算今天的客流量，商量明天蛋糕的制作数量。

第二，若发现可能不是数量问题，教师和幼儿可以一起思考今天蛋糕的口味问题。若蛋糕的口味不合大家心意，可以派一名工作人员咨询一下大家所喜爱的蛋糕口味，然后进行记录，反馈给厨师，然后明天多做一些合乎大家喜爱的口味的蛋糕。

第三，如果发现并不是口味问题，教师可以和幼儿一起思考是不是由于宣传力度不够所致，也就是说有可能别人并不知道我们这里在卖蛋糕。于是我们可以安排工作人员带上切成一小块一小块的蛋糕和牙签请他人品尝，并且告诉对方我们这里正在卖蛋糕，可以来店里选购，以此来提高蛋糕房的知名度。

第四，倘若还剩下了一些蛋糕，可以将没卖完的蛋糕和更多的人一起分享。品尝的同时，可以请他人对蛋糕提提意见，或者询问一下蛋糕是否美味，还可以将这些剩下的蛋糕放在我们的展示柜里当样品供以后的客人选择。

（侯佳宇）

13. 我们怎么才能知道客人喜欢什么口味的蛋糕？

❓ 问题描述

今天面点屋开张了。军军小朋友来买蛋糕，但转了几圈也没买。文文问他想吃什么口味的蛋糕，他却说这里的蛋糕口味他都不喜欢。

🔍 解决建议

大班幼儿具有"能主动发起活动或在活动中出主意、想办法"的人际交往能力。教师应该支持幼儿主动尝试解决问题。

第一，教师可以请幼儿针对"如何知道人们喜欢什么口味的蛋糕"这个主题展开讨论，了解班级每名幼儿喜欢的蛋糕口味，补充以前缺少的蛋糕口味。

第二，幼儿可在店内开设由专人负责的预订蛋糕的服务项目，当日没有的蛋糕口味和蛋糕样式可进行预订。幼儿还要做好蛋糕预订项目的宣传工作，如制作海报等。

讨论和实施的过程锻炼了幼儿人际交往能力。在交流中幼儿能理解客人的需要，并竭力满足客人的需要，学会了尊重他人的爱好。同时，活动本身也锻炼了幼儿协商、分工、合作的能力。

（曹　時）

14. 客人能随便品尝食物吗？

❓ 问题描述

面点屋的客人正在有序地排队买蛋糕，这时牛牛走进面点屋顺手拿起一块蛋糕就要品尝。

🔍 解决建议

5—6岁的幼儿能有礼貌地与他人交往；能关注他人的情绪和需要，并给予力所能及的帮助；能理解规则的意义，并与同伴协商制定游戏和活动的规则。针对这些特点，可以从以下几个方面尝试解决问题。

第一，鼓励工作人员与牛牛有礼貌地交谈，告知牛牛不能随便品尝蛋糕。

第二，启发工作人员与牛牛沟通，了解牛牛这样做的想法，看能否满足他的需要。在某些时候，有些面点屋在推出新品时会让顾客免费品尝。

第三，与同伴协商制定新的游戏规则，看是否要提供免费品尝项目，免费品尝的蛋糕种类和数量多少更为合适，如何提示顾客哪种蛋糕可以免费品尝，等等。

第四，创设免费品尝区域。请幼儿协商制定"免费品尝提示栏"内容，可包括免费品尝的蛋糕名称、品尝数量等。

（曹　旿）

15. 理发师对顾客的态度不够热情周到，不会和顾客交流，该怎么办？

❓ 问题描述

区域活动时间到了，一琪来到了美发屋想去做造型。一琪说："请问有人吗？"老板没有理客人。客人一直在等着老板说话，可是老板只在忙自己的事情。客人又问："老板，我想做个头发，你能帮我推荐下吗？你怎么还不理我啊，不理我我就走啦。"老板这时说了句话："那你坐下吧，要哪种发型你看看画册。"老板依然显得不热情。一琪很不高兴地说："你们店里怎么服务那么不好，以后我不来了，我去别的店里了。"

🔍 解决建议

理发店是服务行业。幼儿在生活中没有服务人员的意识和经验，没有完全理解理发店里的工作内容和应使用的礼貌用语，不知道客人来了应该做什么和说什么，也就没有办法很好地完成理发店工作。为此，可采取如下办法。

第一，参观理发店，增加经验。请家长带幼儿到理发店剪发，让幼儿真实地听到理发师的职业用语和感受理发师的工作流程。

第二，师生讨论。教师可与幼儿共同讨论理发师的职业用语和理发师的工作流程。

第三，环境布置。师幼可共同布置环境，把工作流程呈现在墙饰中，帮助幼儿了解工作流程。

第四，增加发饰、发型内容。可以经常投放一些新的发饰、发型，提高幼儿的游戏兴趣。

（胡可心）